《혼공하는 아이들》을 추천하는 선생님, 친구들, 부모님의 이야기

바야흐로 혼공의 시대가 열렸습니다. 하지만 누구도 혼공법을 알려 주지 않아 우리는 늘 답답하기만 합니다. 이 책은 따뜻한 이야기로 그 방법의 시작을 알리고 있습니다. 좌충우돌 갈등 속에서 네 명의 아이들이 성장한 것처럼, 이제는 여러분이 그 주인공이 될 시간입니다. 혼공하는 아이들의 이야기를 읽으며 진정한 혼공법을 익혀 보세요!
혼공쌤 허준석 《초중고 영어공부 로드맵》의 저자

자기주도학습은 공부의 목적을 찾고 스스로 공부하는 습관을 다지는 것이 중요합니다. 아무리 좋은 공부법이라도 억지로 떠먹인다면 좋은 효과를 기대하기 어렵습니다. 좋은 공부법을 직접 알려 주기보다 또래 아이들의 모습을 통해 자연스럽게 알려 주는 건 어떨까요? 이야기 속 아이들의 성장 과정을 통해서 말이죠. 《혼공하는 아이들》이 알려 주는 진정한 '혼공'의 길로 우리 아이들을 초대합니다.
하유정 선생님 《1학년 한글 떼기》의 저자

초등학생일 때 경험해 보는 '혼자 공부'는 선택이 아니라 필수입니다. 초등 혼공의 목표는 점수라는 결과물이 아닌, 공부가 왜 필요한지 깨닫고 서툴게 시도해 보는 과정 자체이기 때문입니다. 네 명의 친구들이 산골학당에서 은공 쌤을 만나 혼공하는 습관을 키우는 모습에서 교직 시절, 저희 반 친구들의 얼굴이 떠올랐습니다. 처음에는 의욕적으로 시작되는 듯했던 산골학당에서의 생활이지만 처음 보는 친구들과의 갈등, 혼공법에 적응하지 못해 우왕좌왕하는 모습도 닮았고요. 제가 이야기 속 친구들이 성장하고 변화되는 모습에 함께 기뻐했던 이유입니다. 이야기 속 네 명의 친구들처럼 혼공을 시도하면서 서툴지만 한 뼘 더 성장하고 싶은 친구들에게 이 책을 추천하고 싶습니다. 공부는 결국 내가 해야 한다는 걸 잊지 마세요.
이은경 선생님 《순한 맛, 매운 맛 매생이 클럽 아이들》의 저자

'공부를 잘하고 싶다'는 생각을 해 본 적이 있나요? 그렇다면 《혼공하는 아이들》 속 재미있는 이야기를 통해 생각을 현실로 만들어 보는 건 어떨까요? 공부를 잘할 수 있는 마법 같은 방법, 혼공! 이 책은 진짜 '공부'가 무엇인지 여러분에게 알려 줄 거예요.
옥효진 선생님 《세금 내는 아이들》의 저자

이 책은 혼자 공부하는 일이 어렵게만 느껴지는 어린이들에게 재미와 유익함을 함께 선물합니다. 책을 덮을 때쯤엔 이야기 속 주인공들과 함께 공부하는 이유와 방법도 찾게 되지요. 혼란스러운 코로나 시대에 지쳐 있는 어린이들의 마음을 보듬어 줄 든든한 책 한 권을 추천합니다.
김수희 선생님 《초등생의 수학 학부모의 계획》의 저자

스스로 공부하는 아이가 되려면 아이 자신이 무엇을 바꾸고 개선해야 할지 알아야 합니다. 그런데 이런 스스로 공부하는 힘을 키워 주는 동화라니요! 생각만 해도 가슴 설레지 않나요? 이 책을 읽는다면 우리가 바라는 재미있고 행복하게 스스로 공부하는 법을 아이가 먼저 찾아 갈 것입니다.
김성효 선생님 《엄마와 보내는 20분이 가장 소중합니다》의 저자

선생님과 함께 생활하며 '계획-실천-반성'의 중요성을 알게 되었고, 공부 실력이 늘어나서 기분이 좋았습니다. 너무 감사합니다.
혼공하는 아이 남현서

선생님 반이 되어 수업을 받으며 예서는 하루가 다르게 달라졌고 새로운 것을 자연스럽게 받아들이게 되었어요. 무엇에 욕심을 내어 본 적 없는 아이가 단원평가에서 100점을 받아야겠다고 집착 아닌 집착을 할 때도 있었습니다. 학교라는 곳의 의미, 그리고 수업과 공부에 대한 참된 동기부여를 해 주신 선생님의 열정에 진심으로 감사드려요.
혼공하는 아이 예서 엄마

선생님이 공부를 잘 가르쳐 주셔서 고맙고, 저를 이해해 주셔서 감사합니다. 내년에 못 만나서 너무 아쉬워요. 앞으로는 혼자 공부하도록 노력하겠습니다.
혼공하는 아이 이채현

선생님과 함께한 작년이 유독 아쉬운 한 해입니다. 선생님의 가르침 덕분에 서우에게 한 가지 습관이 생겼어요. 매일 습관노트를 이용하여 일과를 정리하는 습관이죠. 힘들기도 했지만 선생님과의 1년이 무척 아쉽다는 서우입니다.
혼공하는 아이 서우 엄마

copyright ⓒ 2022, 이상학
이 책은 한국경제신문 한경BP가 발행한 것으로
본사의 허락 없이 이 책의 일부 또는 전체를 복사하거나
전재하는 행위를 금합니다.

어린이를 위한 공부 습관 만들기

공부하는 아이들

이상학(해피이선생) 글
이갑규 그림

한국경제신문

여러분은 '혼공'하고 있나요?

여러분은 '혼공'이라는 말을 들어 봤나요? '혼공'은 '혼자 공부한다'의 줄임말입니다. 하지만 많은 친구들이 '혼자서 어떻게 공부를 해?'라고 생각할 겁니다. 아직도 부모님이 공부 계획표를 짜 주거나 부모님이나 선생님이 시키는 것만 하는 친구들도 있을 테고요. 사실 초등학생 중에는 그렇게 하는 친구들이 많습니다. 학교에서 중간고사와 기말고사를 보지 않고, 담임 선생님에 따라 단원평가만 보기 때문에 부모님이 시키는 공부만 해도 충분하고, 실력 차이가 많이 나지도 않으니까요.

하지만 중학교와 고등학교에 가면 배우는 과목도 많고, 내용도 어려워지는 데다 중간고사와 기말고사까지 보기 때문에 부모님이 여러분의 공부 계획을 일일이 짜 주고 하나하나 신경 써 주기는 어렵습니다. 공부는 부모님이나 선생님을 위해 하는 게 아니라 나를 위해서 한다는 걸 명심하고 자신에게 맞는 공부법을 찾아 스스로 공부하는 여러분이 되어야만 공부가 지겹지 않습니다.

  이 책에 나오는 네 명의 주인공은 우리 주변에서 흔히 볼 수 있는 친구들입니다. 아이돌을 좋아하는 소이, 사춘기가 온 선우, 스마트폰이 세상에서 제일 좋은 찬서, 잠이 많은 유나는 내 이야기일 수도, 내 친구의 이야기일 수도 있습니다. 네 명의 친구들은 방학 기간 동안 산골학당에서 은공 쌤을 만나 혼공하는 방법을 배웁니다. 그리고 공부하는 이유를 찾아야 공부도 학교생활도 즐거워질 수 있다는 것을 깨달아 갑니다.

  여러분도 이 책을 끝까지 꼼꼼하게 읽는다면 네 명의 주인공처럼 혼공하는 방법을 배울 수 있습니다. 중요한 것은 방법을 배우는 데서 끝나는 것이 아니라, 여러분 스스로 꾸준하게 혼자 공부하며 습관으로 만들고 실천해야 한다는 점입니다.

이야기 속 아이들이 처음에는 혼자 공부하는 것을 힘들게 여기다가 '계획-실천-반성'의 단계를 꾸준히 거치면서 마침내 혼공 습관을 몸에 익힐 수 있었던 것처럼, 여러분도 할 수 있습니다. 매일 공부하기 전에 꼼꼼하게 오늘 무엇을 공부할지 계획을 세우고, 그 계획을 보며 공부하고, 잠자리에 들기 전 본인이 세운 계획을 다시 보며 하루 생활을 반성하는 것부터 시작해 보세요.

내가 세운 계획을 처음부터 100퍼센트 지키지 못할 수도 있습니다. 괜찮습니다. 꾸준하게 '계획-실천-반성'하는 생활을 실천하는 게 중요합니다. 그렇게 하다 보면 어느덧 혼공 습관이 생기고, 나중에 중학교와 고등학교에 가서는 스스로 공부하는 멋진 사람으로 성장하게 될 것입니다.

다시 이야기하지만, 공부는 나를 위해 하는 것이고, 그러니

나 스스로 혼자 해야 합니다. 그 점을 잘 기억하고 혼자 공부하며 미래를 설계하는 멋진 사람으로 성장한다면 선생님은 더 바랄 것이 없습니다. 누구나 혼공하는 어린이가 될 수 있습니다. 바로 지금부터 시작해 보세요!

작가의 말 —————— 004

1장 ○
나는 왜 공부를 못할까?

- 오빠들 없으면 나는 못 살아 —————— 012
- 내 마음 나도 몰라 —————— 017
- 가족보다 핸드폰 —————— 022
- 자도 자도 졸려 —————— 026
- 네 아이들이 출동한다! —————— 031
- 여기서 캠핑을 하라고? —————— 038

2장 ○
누구에게나 각자의 공부법이 있다

- 은공 쌤의 정체를 밝혀라 —————— 052
- 은공 쌤의 고백 —————— 061
- 천차만별, 우리들의 24시간 —————— 069
- 너 자신을 알라 —————— 080

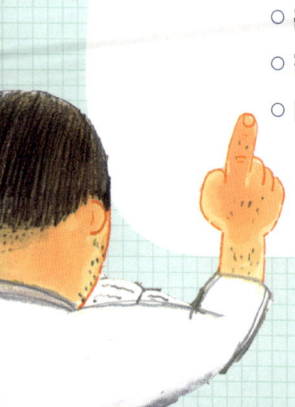

3장
나에게 맞는 공부 계획이 공부 습관을 만든다

- 이제 우린 한 팀이야! — 096
- 10일 계획표의 실체가 드러나다 — 101
- 규칙적인 생활은 어려워 — 119

4장
목표가 있어야 공부를 잘한다

- '작심삼일'이라는 말을 만든 사람은 천재 — 134
- 김찬서 화장실 사건 — 146
- 선우의 시간은 잘도 달린다 — 155
- 빅스타가 없는 시간도 생각보다는 괜찮아 — 166
- 찬서의 자아 찾기 — 175

5장
혼공은 습관이다

- 내면의 힘을 찾은 아이들 — 188
- 산골학당을 떠나기 하루 전 — 198
- 산골학당, 안녕 — 211

1장

나는 왜 공부를 못할까?

소이는 아이돌 그룹 빅스타의 굿즈가 든 택배를 받아 들고 꽥 소리를 질렀다.

"우리 오빠들이닷!!"

주방에서 냉장고 안을 들여다보던 엄마는 그런 소이를 보며 한숨을 푹 쉬었다.

"소이야, 니 오빠는 저기 소파에 앉아 있는데 웬 우리 오빠 타령이니."

소이는 소파에 앉아 핸드폰을 보며 코를 후비적거리는 오빠 소준을 흘깃 보며 콧방귀를 꼈다.

"엄마! 우리 오빠들을 누구한테 비교하는 거야! 얼굴부터가 다르잖아. 그리고 울 오빠들은 저렇게 코를 후비지 않아!"

"야, 허소이. 누구나 코를 후비게 돼 있어. 빅스타라고 다를 줄 아냐?"

중학교 1학년 소준이가 심드렁하게 말했다.

"아니거든! 우리 오빠들은 그런 더러운 짓 안 하거든!"

소이는 화를 버럭 내고는 소파 앞에 앉아 택배 상자를 뜯기 시작했다. 상자를 열자 빅스타 멤버들의 대형 벽걸이용 포스터와 포토카드가 쏟아져 나왔다. 소이가 사진을 가슴에 꼭 안으며 꿈꾸듯 말했다.

"으악, 너무 잘생겼어! 너무 멋있어!"

"넌 대체 무슨 돈으로 이런 걸 맨날 사냐?"

소준이가 얼굴이 발그레하게 물든 소이를 보며 물었다.

"용돈 모아서 사는 거야. 내가 오빠처럼 게임팩이나 사는 줄 알아?"

"게임팩이나 아이돌 굿즈나 그게 그거지."

소준이가 고개를 절레절레 저으며 소파에 벌렁 드러누웠다.

"소이야, 너 학원 숙제는 했어? 방학 숙제는?"

엄마가 소이 곁으로 다가오며 걱정스레 물었다.

"우리 오빠들만 보고 할 거야."

소이 옆에서 소이가 산 굿즈를 이것저것 들춰 보던 엄마가 낮게 한숨을 내쉬었다.

"소이야, 오빠들 좋아하는 건 안 말리는데 니가 할 건 하고 좋아해야지. 너 또 이거 보다가 밤 12시까지 숙제 붙잡고 있을 거잖아."

"하기만 하면 되지, 뭘 그래."

소이가 뽀로통하게 대답했다.

"하는 게 중요한 게 아니라 어떻게 하느냐가 중요한 거지. 마지못해 하는 숙제가 공부가 되겠니? 얼마 전에 학원 수학 쌤도 그러시더라. 너 요즘에 성적 자꾸 떨어진다고."

"학원 시험 몇 번 못 본 걸 가지고!"

"몇 번이 아니니까 그러지. 수업 시간에도 딴 생각만 한다던데?"

"쌤이 내 머릿속을 들어갔다 나왔대?"

소이가 톡 쏘아붙이자 엄마가 입술을 앙 다물며 소이에게 무서운 표정을 지어 보였다. 소파에 드러누워 핸드폰을 보고 있던 소준이 슬며시 일어났다. 두 사람이 싸움을 시작할 낌새가 보이면 소준은 항상 자리를 피했다. 소준은 어슬렁어슬렁 자기 방 쪽으로 걸어가며 두 사람을 흘깃 쳐다보았다.

"엄마, 쟤는 엄마보다 빅스타가 더 좋을걸. 아무리 잔소리해 봐야 소용없어."

그러면서 소이를 향해 '뿡' 방귀를 뀌었다.

"악, 허소준! 오빠 너 진짜 내 얼굴에 자꾸 방귀 뀔 거야! 왜 저래, 진짜!"

소이가 거의 울먹이듯 소리를 바락바락 지르며 소준의 꽁무니를 쫓아갔다. 소준은 소이에게 붙잡힐세라 재빨리 방 안으로 쏙 들어가 방문을 걸어 잠갔다. 소이는 방문 손잡이를 거칠게 돌리면서 문을 세게 두드렸다.

"허소준, 오빠 너 진짜 가만 안 둬!"

"헤헤헤, 가만 안 두면 어떡할 건데! 너네 오빠들도 방귀 뀔 걸!"

"아니라고, 아니라고, 허소준!"

집 안을 쩌렁쩌렁 울리는 두 아이의 싸움에 엄마는 한숨을 내쉬었다. 도대체 이 아이들을 어찌 해야 한단 말인가!

내 마음 나도 몰라

"고민 없어! 사춘기도 아냐!"

선우는 오늘도 엄마에게 짜증을 부렸다.

"그럼 왜 그렇게 자꾸 성적이 떨어지는 거야? 너 요즘 엄마한테 짜증도 엄청 내는 거 알아?"

"엄마가 자꾸 말도 안 되는 소리를 하니까 그렇지."

선우 자신도 이미 알고 있었다. 요즘 들어 엄마한테나 가족들한테 자꾸 말을 삐딱하게 하고 버럭버럭 짜증을 낸다는 사실을.

"엄마가 무슨 말도 안 되는 소리를 한다고 그래? 아들이 점점 변해가는데, 그럼 가만히 있어?"

"저것 봐, 또 그러잖아. 내가 뭘 변해?"

"아들아, 너는 정말 귀엽고 착하고 똑똑한 아이였단다."

엄마는 동화책을 읽는 것 같은 말투로 말했다.

"엄마를 사랑하는 밝고 어여쁜 아이였지. 마치 동화 속 왕자님처럼 말야. 근데! 아들아! 지금 거울에 비친 너의 얼굴을 보렴. 화난 불독 같지 않니?"

"아들한테 불독이 뭐야?"

"불독 같은 걸 어떡해. 말 잘못하면 왕 물어 버릴 것 같은데."

"엄마!!"

선우는 버럭 소리를 질렀지만 딱히 틀린 말도 아니라고 생각했다. 요즘 선우는 스스로도 자기가 왜 이러는지 알 수가 없었다. 생활은 변한 게 아무것도 없었다. 예전처럼 학원도 열심히 다녔다. 수학, 영어, 논술, 코딩, 태권도까지 무려 다섯 개의 학원을 종횡무진 날아다녔다. 학교도 지각 한 번 안 하고, 학원 숙제? 물론 다 해 갔다. 학교 숙제도 빼먹은 적이 없다. 생활은 변한 게 하나도 없지만 결과는 변했다. 예전처럼 성실하게 생활했지만 성적은 자꾸 떨어지고 공부는 점점 더 하기 싫어졌다. 4학년 때까지 선우는 소위 말하는 공부 잘하는 아이였다. 학교 쌤과 학원 쌤들 모두 칭찬이 자자했고, 엄마도 동네 아주머니들한테 선우 자랑을 대놓고 했다.

"우리 선우는 걱정할 게 하~나도 없는 아이예요. 혼자 큰다고 할까요? 호호호호."

아주머니들도 모두 선우 엄마의 말에 동의했다.

"맞아. 선우는 정말 버릴 게 없어. 인사도 잘하고 의젓하고 공부도 잘하고. 선우 엄마는 얼마나 좋을까."

"아이 참, 제 아들이지만 제가 봐도 잘생기고 똑똑하고. 우리 선우 정말 괜찮죠? 호호호호."

엄마는 틈만 나면 선우 자랑에 입에 침이 마를 정도였다. 하지만 요즘은 통 자랑할 게 없다고 불평을 쏟아 냈다.

"아들아, 요즘 엄마가 아줌마들을 만나면 고개를 들 수가 없어. 이 동네 소문 빠른 거 알지? 아줌마들이 만나기만 하면 너 요즘 사춘기냐고 물어본다니까. 봐, 엄마 어깨 처진 거 너도 보이지?"

엄마는 어깨를 축 늘어뜨리며 과장된 몸짓을 해 보였다.

"엄마는 내가 자랑거리에 불과해?"

"어머, 우리 아들, 엄마를 너무 오해하네. 그런 뜻이 아니라, 니가 자꾸 변해 가는 이유를 속 시원하게 털어놓으라는 뜻이지. 엄마가 도와줄 수 있잖아."

"엄마가 도와줄 수 없어."

"왜?"

엄마가 눈을 동그랗게 뜨며 되물었다.

"나도 이유를 모르니까."

"잉?"

"나도 내가 왜 이러는지 모르겠으니까. 예전처럼 똑같이 공부하고 학원도 학교도 빼먹지 않고 가는데 점점 성적은 떨어지고 공부는 하기 싫어져. 숙제도 빠짐없이 하고 놀지도 않는데 왜 이런지 나도 모르겠단 말야!"

선우는 왈칵 울음이 쏟아질 뻔했지만 간신히 참았다. 엄마 앞에서 울면 더 비참할 뻔했다. 엄마는 몰라도 너무 몰랐다. 변해 버린 선우를 세상에서 가장 속상하게 생각하는 건 바로 선우 자신이었다. 공부 잘하는 모범생 선우, 예의 바르고 착한 선우, 사람들에게 상냥하고 친절한 귀여운 선우는 정말 어디로 간 걸까.

가족보다 핸드폰

"아주 핸드폰 속으로 들어가라, 들어가."

찬서가 거실 소파에 앉아 핸드폰으로 게임을 하느라 정신이 팔려 있을 때 고등학교 1학년인 누나 찬미가 찬서 앞에 우뚝 서서 혀를 찼다. 찬서는 누나를 쳐다보지도 않고 손가락만 빠르게 움직였다. 레벨 업의 순간이 눈앞에 있기 때문에 다른 곳에 신경 쓸 시간이 없었다.

"이젠 아주 누나 말도 씹네."

찬미는 찬서보다 다섯 살이 많은 장녀다. 나이 차이가 많이 나서 그런지 항상 엄마처럼 잔소리를 했다. 막내 찬서는 두 살 차이 나는 둘째누나 찬이에게는 말대답도 하고 싸우기도 많이 싸웠지만 큰누나에게는 그럴 수가 없었다. 맞벌이하는 부모님

을 대신해서 어렸을 때부터 찬서를 돌봐 준 누나였기 때문이다. 찬미는 막내 찬서를 유난히 귀여워했고, 항상 살뜰히 보살폈다. 물론 찬서가 5학년이 되고 찬미가 고등학생이 되면서 예전처럼 서로 좋아 죽는 사이는 아니게 되었지만 말이다.

"막냉아, 누나는 요즘 니 정수리밖에 볼 수가 없어."
"누나, 잠깐만. 나 이거 조금만 하면 레벨 올라간단 말야."

"레벨 같은 소리 하고 있네. 너 맨날 핸드폰만 붙잡고 어쩌려고 그래."

찬서는 누나가 걱정을 하든 말든 핸드폰 화면에서 눈을 떼지 못하고 게임에 열중했다. 게임할 때 누가 말 시키는 게 찬서는 세상에서 두 번째로 싫었다. 첫 번째 싫은 건 핸드폰을 못 보고 잠을 자야 할 때였다.

"막냉아, 차라리 밖에 나가서 친구들이랑 뛰어놀아. 넌 핸드폰을 너무 많이 해. 중독이야, 중독."

"중독 아니거든."

찬서는 귀찮아서 설렁설렁 대답했다. 그나마 찬미 누나니까 이렇게 대답이라도 하지, 엄마였으면 대답도 안 했을 게 뻔하다.

"하루에 여덟 시간은 핸드폰만 붙잡고 있는 거 같은데 중독이 아니라고?"

"에이, 누나가 자꾸 말 시켜서 망했잖아."

찬서가 핸드폰을 내려놓으며 입을 삐죽거렸다. 찬미가 찬서 옆에 앉으며 물었다.

"핸드폰으로 뭘 그렇게 하니?"

"게임."

"게임 안 할 땐?"

"유튜브."

"유튜브에서 뭘 보는데?"

"예능도 보고 웃긴 채널도 보고 게임 방송도 보고."

"막냉아, 대답해 봐. 핸드폰이 좋아, 누나가 좋아?"

찬서는 찬미의 질문에 얼굴을 찌푸렸다.

"뭐야, 오글거리게."

"누나 지금 진지하다. 하나만 골라 봐."

찬서가 벌떡 일어나 자기 방으로 향했다.

"누나 이상해."

찬서는 왜 사람들이 자기만 보면 핸드폰 좀 그만 보라고 잔소리를 해 대는지 짜증이 났다. 핸드폰을 봐도 할 건 다하는데 말이다. 물론 성적은 많이 떨어졌지만, 그렇다고 학교를 안 가는 것도 아니고, 학원도 다니고, 숙제도 열심히 한다. 물론 안 할 때도 많지만. 나쁜 길로 가는 것도 아니고 핸드폰 좀 많이 보는 게 하늘이 무너지는 일은 아닌데, 가족들은 찬서만 보면 늘 똑같은 말을 했다.

"찬서야, 핸드폰 좀 그만 봐!"

보라고 있는 핸드폰을 왜 자꾸 그만 보라고 하는지 모르겠다. 방으로 가면서 누나를 흘깃 돌아보니 누나가 쯧쯧 혀를 차며 고개를 절레절레 흔들고 있었다. 누나의 질문에 대답은 안 했지만 둘 중에 더 좋은 걸 꼽으라면, 물론 찬서의 대답은 핸드폰이다.

유나의 별명은 '잠공'이다. 잠을 너무 많이 자서 아빠가 붙여 준 별명이다. '잠자는 공주'의 줄임말이라나 뭐라나.

"오구오구, 우리 잠공 또 잤어?"

유나가 기지개를 켜며 방에서 나오자 식탁에 앉아 있던 아빠가 유나를 놀리려고 시동을 걸기 시작했다. 아빠의 입가에는 이미 장난기 가득한 미소가 번져 있었다.

"우리 유나는 어딘가에 잠주머니가 붙어 있는 게 분명해. 유나 너 혹부리 영감 이야기 알지?"

"몰라."

유나는 자기만 보면 놀려 대는 아빠가 얄미워 톡 쏘아붙였다.

"잠을 많이 자면 기억력도 나빠지나? 아빠가 우리 유나 어릴 때 그 얘기를 천 번은 더 읽어 준 것 같은데."

유나는 아무런 대꾸도 안 하고 물을 벌컥벌컥 마셨다.

"혹부리영감 목 뒤에 있는 혹이 노래주머니잖아."

"노래주머니가 아니라 노래주머니라고 뻥을 친 거지."

유나는 저도 모르게 이야기의 내용을 바로잡았다.

"아하하, 기억하는구나. 역시 아빠의 노력은 헛되지 않았어."

유나는 식탁 의자에 털썩 앉았다. 잠이 많은 유나는 하루에 열 시간 이상을 잤다. 이상하게 자도 자도 끝없이 졸렸다. 엄마는 아기 때는 그렇게 잠을 안 자고 빽빽 울더니 왜 커서 잠보가 됐냐고 의아해했지만, 유나도 그 이유를 몰랐다. 공부를 하려고 책상에만 앉으면 잠이 쏟아졌다. 학교에서도 쏟아지는 잠 때문에 수업에 집중하기가 어려울 정도였다. 초등학교 2학년 때까지는 그런 일이 없었는데, 3학년이 되면서부터 갑자기 잠이 많아지기 시작했다. 그러다 보니 학교 수업을 이해하기 힘들었고, 당연히 예습 위주로 공부하는 학원 진도도 따라가기가 버거웠다. 유나는 한 번도 공부를 잘해 본 적이 없었고, 엄마와 아빠는 그 이유가 모두 잠 때문이라고 했다.

"도대체 유나의 잠주머니는 누가 물려준 걸까? 여보, 당신 아니야?"

아빠가 그릇을 닦고 있던 엄마를 보며 물었다. 아빠는 여전히

싱글싱글 웃고 있었다.

"여보, 나는 매일매일 새벽 공부를 했던 사람이야. 왜 나한테 떠넘겨?"

"그럼 누굴까? 나도 아닌데?"

아빠가 유나를 보며 고개를 갸웃거렸다. 유나는 아빠가 저렇게 자신을 놀릴 때마다 아빠가 너무 얄미웠다. 하지만 뭐라고 반박할 말이 없었다. 다 사실이었으니까.

"당신 너무 태평한 거 아니야? 유나 성적 엄청 떨어진 거 당신 모르지? 애가 성적이 그렇게 떨어지면 혼을 내야지 맨날 애 놀리면서 재밌어만 하고."

엄마가 불만스러운 표정으로 아빠에게 항의했다.

"괜찮아, 우리 잠공. 공부 못해도 돼. 유나가 좋아하는 거만 잘하면 되지. 안 그래?"

유나는 허허 웃는 아빠를 보며 입을 삐죽였다. 아빠는 정말 아무것도 몰랐다. 유나의 최대 고민은 좋아하는 게 없다는 것이었다. 잘하는 게 없는 것도 문제였다. 하지만 유나는 그런 말을 누구에게도 털어놓지 못했다. 지금까지 유나는 한 번도 뭘 잘해 본 기억이 없었다. 그러니 공부에 관한 이야기만 나오면 입을 꾹 다물었다. 잠도 정말 그만 자고 싶었지만 눈꺼풀은 한도 끝도 없이 내려앉았다. 잠을 깨 보려고 허벅지를 꼬집어 보고 엄마 따라 병원에도 가 봤지만 소용이 없었다.

'정말 아빠 말대로 내 몸 어딘가에 잠주머니가 있는 걸까?'

유나는 푹 한숨을 내쉬었다. 누가 잠주머니 좀 떼어 갔으면 좋겠다고 생각했다. 하루 종일 뽈뽈거리면서 가족들만 쫓아다니는 6개월 된 강아지 만두에게 잠주머니를 붙여 줄 수 있다면 얼마나 좋을까. 그러면 잠 때문에 공부를 못하는 일도 없을 텐데 말이다.

네 아이들이 출동한다!

아침부터 잔뜩 화가 난 선우는 자동차에 올라타면서도 내내 투덜거렸다. 입술이 한발은 나왔다.

"캠프 가기 싫단 말야!"

"쉿, 선우야. 누가 듣기라도 하면 어떡하려고 그렇게 큰 소리로 말하는 거야. 그 캠프는 보통 캠프가 아니라니까."

어젯밤부터 시작된 엄마의 상황극은 아침까지 이어졌다. 엄마는 들릴 듯 말 듯한 목소리로 속삭이고는 주위를 두리번거리더니 자동차 뒷좌석에 선우의 옷이며 교과서며 문제집으로 가득 찬 캐리어를 내려놓고 재빠르게 운전석에 앉았다.

"여름방학에 휴가 가기 싫으니까 캠프 가라는 거잖아."

"어머, 우리 아들. 엄마를 또 오해하네. 진짜 아무나 못 가는 캠프라니까? 가 보면 너도 엄마한테 고마워하게 될 거야. 그러니까 그만 좀 투덜거려."

엄마는 시동을 걸고는 선우를 돌아보았다.

"준비됐지?"

선우가 땅이 꺼져라 한숨을 쉬고 있을 때, 유나는 아빠가 운전하는 자동차 뒷좌석에 앉아 쿨쿨 자고 있었다. 차만 타면 자는 유나는 캠프를 가든 여행을 가든 쏟아지는 잠을 이겨 내지 못한 채 곯아떨어져 버리곤 했다.

"우리 유나 또 자네, 또 자."

아빠는 고개를 바닥까지 떨구고 자는 유나를 뒷거울을 통해 힐긋 보고는 껄껄 웃었다.

"당신은 유나만 보면 뭐가 그렇게 좋아?"

조수석에 앉은 엄마가 불평하듯 말했다.

"귀엽잖아."

"뭐가 그렇게 귀여워?"

"잠자는 거, 하하하하."

엄마는 그런 아빠를 도무지 이해할 수가 없었다. 아빠가 유나를 근엄하고 엄격하게 대하면 유나의 태도가 바뀔 것도 같은데 아빠는 한 번도 유나를 혼낸 적이 없었다. 아빠가 너무 너그러우니 유나가 아무 생각이 없는 것 같았다. 이번 캠프는 그런 유나의 생활 태도를 바로잡고 싶은 엄마의 결정이었다.

"아무리 내 딸이지만 혼낼 때는 혼내야지 당신은 너무 오냐오냐해."

엄마가 본격적으로 아빠에게 불만을 쏟아 내려 할 때 뒷좌석에서 잠이 든 유나가 잠꼬대를 하기 시작했다.

"그러니까, 그게 아니야. 나는… 싫어. 음냐냐, 졸리니까… 하기 싫어… 웅냠냠."

유나의 잠꼬대를 가만히 듣고 있던 아빠가 엄마를 보며 환하게 웃었다.

"저 봐, 귀엽잖아, 하하하."

유나가 꿈속에서 캠프에 가기 싫다며 도망 다니고 있을 때, 소이는 뒷좌석에 앉아 빅스타의 신곡 〈라이크, 러브〉를 목이 터져라 따라 부르고 있었다.

"오오오, 나는 너를 라이크. 너의 사랑을 찾아 노래를 불러, 오오오."

"어휴, 시끄러. 허소이!"

운전하는 엄마가 크게 소리를 질러도 소이는 노래를 멈추지 않았다.

"오오오, 나는 너를 러브. 너의 마음을 찾아 노래를 불러, 오오오."

자동차가 들썩거릴 만큼 큰 소리로 노래를 따라 부르는 소이는 누구도 말릴 수가 없었다. 엄마는 고개를 절레절레 흔들며 입을 꾹 닫았다. 이번 캠프에 가기로 결정했을 때 소이는 울고불고 난리를 쳤다. 절대 가지 않겠다면서 방문까지 걸어 잠갔다. 하지만 이번만큼은 엄마도 양보할 생각이 없었다. 벌써 5학년인데 이대로 놔 두었다가는 중학교에 가서 전체 꼴등을 도맡아 할 것 같았다. 하지만 소이도 끝까지 고집을 피웠기에 엄마는 소이와 협상을 해야 했다. 이번 캠프에 다녀오면 다음 달에 있을 빅스타 콘서트에 보내 주기로. 최후의 카드를 꺼냈을 때 소이는 1초도 망설이지 않고 바로 방문을 활짝 열고 수선스럽게 짐을 꾸렸다. 물론 가방 안은 빅스타의 포토카드와 오빠들 얼굴이 인쇄된 베개와 수건으로 가득 찼지만, 그건 어쩔 수 없었다. 캠프에 가 준다는 것만으로도 엄마는 감지덕지였다.

찬서는 그날도 여지없이 핸드폰으로 유튜브를 보면서 캠프장으로 향했다. 핸드폰에서는 게임 해설자들이 흥분해서 소리를 지르고 있었다.

"와, 캐비지 선수 대단하네요. 저런 상황에서 팀 승리를 이끌어 내죠. 역시 대단한 선수!"

영상에서는 찬서가 가장 좋아하는 게이머의 경기가 중계되고 있었다. 찬서는 주먹을 불끈 쥐고 환호성을 질렀다. 찬서도 저렇게 멋진 프로 게이머가 되고 싶지만 지금 실력으로는 어림도 없다. 어쩌면 그래서 더 게임에 매달리는지도 몰랐다. 찬서는 핸드폰만 있으면 만사 오케이였다. 그래서 엄마가 캠프에 가자고 했을 때도 가기 싫은 마음이 없었다. 핸드폰만 있으면 되니까. 그래서 캠프장이 어디에 있고, 뭐 하는 곳이고, 며칠이나 머물게 될지에 대해서도 건성으로 들었다. 물론 그 캠프에 누가 오는지, 그 아이들이 어떤 아이들인지도 몰랐다. 그건 엄마도 모르는 일이었지만 찬서는 궁금하지도 않았다. 그저 엄마와 누나의 잔소리에서 벗어날 기회라는 사실이 기쁘기만 했다.

여기서 캠핑을 하라고?

    선우가 도착한 곳은 좁은 비포장도로를 돌고 돌아서 온통 나무로 뒤덮인 깊은 산골에 덜렁 놓여 있는 한옥이었다. 드문드문 한옥 집이 보이긴 했지만 20분은 걸어야 닿을 정도로 서로 멀찍이 떨어져 있었다. 한눈에 보기에도 오래된 한옥은 계단을 대여섯 개 올라가야 솟을대문이 있었고, 대문 중앙에는 산골학당이라는 현판이 붙어 있었다. 현판은 오래된 시간이 느껴졌지만 매우 깔끔해 보였다. 누군가 집 전체를 열심히 관리하고 보살피고 있다는 느낌이 들었다.

    "오~ 멋진 곳이다. 기품이 느껴지네. 안 그래, 아들?"

    기품은 무슨. 선우 눈에 한옥은 민속촌이나 한옥마을에 있는 불편하고 덥고 추워 보이는 옛날 집 그 이상도 이하도 아니었다.

"여기서 캠핑을 하라고?"

"집 아닌 데서 자고 먹고 하면 캠핑이지. 생각보다 좋은데?"

"한옥에서 무슨 캠핑을 해? 엄마, 솔직히 말해 봐. 여기 뭐 하는 곳이야?"

엄마는 선우 말은 들은 척도 하지 않고 운전석에서 재빠르게 내렸다. 그러고는 선우가 앉은 뒷좌석 문을 열고 빨리 내리라고 손짓을 했다. 선우는 얼떨결에 자동차에서 내렸다. 엄마는 뒷좌석에 놓아 둔 캐리어를 낑낑대며 끌어 내리고는 가쁘게 숨을 몰아쉬었다.

"뭐 하는 곳인지는 들어가 보면 알겠지?"

엄마가 캐리어 손잡이를 선우에게 건네며 말했다.

"엄마는 안 들어가?"

엄마가 고개를 절레절레 저었다.

"여긴 어린이들만의 공간. 학부모는 들어갈 수가 없어. 규칙이야."

학부모는 들어갈 수 없는 곳이라니. 엄마에게 캠프에 대해 이야기를 들으면 들을수록 선우는 그곳에 들어가고 싶지가 않았다. 하지만 이미 때는 늦은 것 같았다. 엄마가 선우의 어깨를 토닥이며 말했다.

"엄마는 아들을 믿는다. 11일 후에 보자!"

"11일? 2박 3일이라며!"

선우는 너무 놀라 기절할 뻔했다. 하나부터 열까지 거짓말이라니! 엄마는 선우가 쫓아오기라도 할까 봐 서둘러 차에 올랐다. 조수석 창문을 내린 엄마가 소리쳤다.

"우리 아들, 파이팅!"

 엄마는 선우 얼굴에 뿌연 먼지를 뿌리며 차를 몰고 떠나 버렸다. 선우는 켁켁 헛기침을 쏟아 냈다. 엄마가 사라진 아득한 비포장도로를 바라보던 선우는 한숨을 푹 쉬고는 다시 한 번 현판을 올려다봤다. 그러고는 무거운 캐리어를 끙 들어 올리고는 천천히 계단을 올라 대문 안으로 들어섰다.

한옥은 꽤 널찍했다. 정면으로 대청마루가 넓게 펼쳐져 있고, 마루를 중앙에 두고 오른쪽으로 커다란 안방이, 왼쪽으로 작은 방 네 개가 조르르 붙어 있었다. 선우는 쭈뼛거리며 이곳저곳을 기웃거렸다. 아무도 없는 것 같았다.

"안녕하세요! 아무도 안 계세요?"

아무 소리도 들리지 않았다. 선우는 여기가 캠핑하는 곳이 맞는지, 엄마가 뭔가를 착각한 건 아닌지 슬슬 의심이 들기 시작했다. 선우는 일단 기다려 보기로 하고 대청마루 끝에 엉덩이를 걸치고 앉았다. 한여름이었지만 한옥은 마치 에어컨을 틀어 놓은 것처럼 시원했다.

선우가 땀을 식히고 있을 때, 대문 안으로 커다란 가방을 멘 찬서가 불쑥 들어왔다. 한 손에 핸드폰을 꽉 쥔 채 대문 안으로 들어선 찬서는 선우가 그랬던 것처럼 집 안 이곳저곳을 살폈고, 그러다가 대청마루에 어정쩡하게 앉아 있는 선우를 보았다. 찬서는 계단을 성큼성큼 뛰어올라 선우에게 다가왔.

"너도 캠프 참가자야?"

선우가 얼떨결에 고개를 끄덕였다.

"그럼 여기가 맞네."

찬서는 가방을 벗어 대청마루에 아무렇게나 획 던지고는 선우와 조금 떨어져 앉은 뒤 다시 핸드폰으로 시선을 돌렸다. 핸드폰에서 나오는 요란한 소리가 조용한 마당을 가득 채웠다. 선우는 그런 찬서를 물끄러미 바라보았다.

'뭐지, 저 애는? 핸드폰 중독자인가?'

선우가 찬서를 보며 그런 생각을 하고 있을 때, 대문 쪽에서 인기척이 들렸다. 선우는 혹시 학당이라는 이곳의 주인일까 싶어 바람처럼 빨리 인기척이 난 곳으로 시선을 돌렸다. 하지만 역시 어른이 아니었다. 대문 앞에는 유나가 부스스한 얼굴로 서 있었다. 분홍색 작은 캐리어 하나를 달랑 끌고 온 유나는 잠이 덜 깼는지 눈을 비비며 크게 하품을 했다. 대청마루에 앉아 있는 남자아이들을 발견한 유나는 흐느적거리며 선우에게 다가왔다.

"너희 다 캠핑하러 왔어?"

선우가 이번에도 고개를 끄덕였다. 찬서는 핸드폰 영상에 정신이 팔려 유나를 쳐다보지도 않았다.

"아항, 졸려. 근데 무슨 캠핑을 이런 곳에서 해?"

유나가 혼잣말처럼 중얼거렸다. 말이 끝나기가 무섭게, 소이가 커다란 가방을 메고 캐리어를 하나 끌고 마당으로 들어섰다. 소이는 아이들을 보고는 주저하지 않고 곧바로 다가왔다. 대청마루에 가방을 내려놓은 소이는 마루에 털썩 앉았다.

"휴, 너무 덥다. 이런 곳에서 캠핑이라니 진짜 이상해. 너희는 지금 이게 무슨 상황인지 알고 있어?"

선우와 유나가 거침없는 소이의 질문에 고개를 저었다. 찬서는 여전히 핸드폰을 코앞에 대고 영상만 보고 있었다.

"아무도 모른다는 거야? 지금 이 상황이 무슨 상황인지?"

소이는 어처구니없는 표정으로 아이들을 바라보고는 한숨을 푹 내쉬었다. 숨을 돌린 소이가 벌떡 일어나 한옥 여기저기를 유심히 살펴보기 시작했다.

"캠핑을 한다는 곳이 왜 이렇게 조용해? 이상하지 않아?"

소이가 아이들을 돌아보며 물었지만, 답을 해 줄 수 있는 아이는 아무도 없었다. 소이가 팔짱을 끼더니 짐짓 심각한 표정을 지었다. 그러더니 대뜸 신발을 벗고 대청마루로 올라가 안방 가까이 다가갔다. 아이들은 깜짝 놀랐다. 남의 집에 겁도 없이 저렇게 올라가다니, 그 용기에 입이 떡 벌어질 지경이었다. 하지만 소이는 거침이 없었다.

"야, 너 뭐 하는 거야. 남의 집에 왜 함부로 들어가."

선우가 목소리를 낮춰 나무랐지만 소이는 들은 척도 하지 않고 안방 창호지 문에 귀를 바짝 갖다 댔다. 찬서도 핸드폰을 내려놓고 침을 꼴깍 삼켰다. 한옥에는 정적만 흘렀다. 아이들의 숨소리도 들리지 않을 정도였다. 미간을 찌푸리며 무슨 소리라도 들어 보려던 소이가 고개를 갸우뚱했다.

"아무 소리도 안 들리는데?"

"빨리 내려와."

선우가 다시 한 번 목소리를 낮추며 다그쳤다. 하지만 소이는 아랑곳하지 않고 안방 문을 열 기세였다. 소이가 결심하고 안방 문을 열려고 할 때였다. 갑자기 안방 문이 벌컥 열리며 키가 크고 배가 남산만큼 솟아오른 남자가 불쑥 나타났다. 두루마기를 입고 있었지만 얼굴은 햇볕에 그을려서 점잖은 두루마기와 왠지 어울리지 않았다.

소이는 깜짝 놀라 거의 뒤로 자빠질 뻔했고, 아이들도 갑자기 나타난 거인 때문에 소스라치게 놀랐다. 남자는 뒷짐을 지고는 아이들을 하나하나 유심히 쳐다보았다. 미소가 없는 얼굴이 어쩐지 무서워 보였다. 아이들 하나하나와 눈을 다 맞춘 남자가 갑자기 주머니를 뒤적거리더니 뭔가를 꺼냈다. 잔뜩 겁을 먹은 아이들이 뒤로 주춤주춤 물러섰다. 여차 하면 대문 밖으로 달아나려는 태세였다. 하지만 남자가 주머니에서 꺼낸 건 고구마였다. 아이들은 저게 고구마가 맞는지, 혹시 고구마처럼 생긴 총은 아닌지 유심히 살펴보았다. 고구마가 맞았다.

커다란 손에 고구마를 쥔 남자가 하얀 이를 다 드러내며 고구마를 와그작 씹어 먹었다. 아이들 귀에는 고구마 씹는 소리밖에 안 들렸다. 남자의 기세에 눌린 듯 아까까지 시끄럽게 지저귀던 새들도 더 이상 울지 않았다.

고구마를 크게 한 입 또 한 번 베어 문 남자가 우적우적 산적처럼 고구마를 씹어 먹었다. 그러면서도 아이들에게서는 시선을 떼지 않았다. 겁먹은 아이들이 침을 꿀꺽 삼켰다. 고구마를 다 씹은 남자가 갑자기 목젖이 다 보이도록 커다랗게 웃었다. 웃음소리가 어찌나 큰지 병풍처럼 한옥을 둘러싸고 있는 뒷산이 흔들릴 정도였다.

"산골학당에 온 것을 환영한다! 웰컴 투 산골학당!"

남자가 우렁우렁 울리는 목소리로 환영 인사를 건네자 이번에는 땅이 흔들리는 것 같았다. 아이들은 놀란 가슴을 진정시킬 수가 없었다. 저 남자는 도대체 누구지?

1 우리는 왜 공부를 해야 할까요?

어린이들이 공부를 해야 하는 이유는 무엇일까요? 부모님이 하라고 해서? 매일 학교에 가니까 어쩔 수 없이? 우리가 공부하는 이유는 바로 '나'를 위해서입니다. 공부는 부모님이나 가족, 친척, 선생님, 친구를 위해서 하는 게 아니라, 바로 나의 행복을 위해 하는 것입니다. 즉 내 인생을 좀 더 풍요롭게 만들기 위해, 내 자신의 가능성을 넓히기 위해서 하는 것이죠. 조금 어렵나요? 그럼 조금 쉽게 말해 볼게요.

우리가 공부하는 이유는 꿈을 실현하기 위해서입니다. 예를 들어, 초등학생들의 장래 희망 직업 1위인 '운동선수'가 되려면 끊임없이 공부해야 합니다. 단순히 운동만 잘해서는 안 됩니다. 손흥민 선수는 독일어와 영어를 완벽하게 할 줄 압니다. 그래서 통역 없이 자유롭게 의사소통을 할 수 있죠. 또한 각종 전술이나 작전을 익히려면 머리를 써서 전략을 짜고, 그것을 이해할 수 있어야 합니다.

초등학생들의 희망 직업 2위인 '교사' 역시 공부를 많이 해야 합니다. 초등교사가 되기 위해서는 교육대학교에 진학하여 초등교사 자격증을 취득한 뒤 임용고사에 합격해야 하거든요. 많은 학생이 꿈꾸는 '유튜버'는 어떨까요? 요즘 너도나도 유튜브를 하기 때문에 경쟁

이 아주 치열합니다. 그러니 나는 어떤 콘텐츠를 유튜브에 올릴지 다른 유튜브를 분석하고 유튜브의 알고리즘을 공부하면서 끝없이 생각하고 기획해야 합니다. 촬영이나 편집 등도 배워야 하는 것은 물론이고요.

결국 본인의 장래 희망이 무엇이든 그것을 이루기 위해서는 끊임없이 노력하고 공부해야 합니다. 공부는 자신의 미래를 위한 투자입니다. 공부하지 않고 가만히 있는데 이루어지는 꿈은 없습니다. 물론 꿈은 시간이 지나면서 변하기도 합니다. 세상도 빠르게 변하지요. 이런 사회에 잘 적응하기 위해서라도 공부를 해야 합니다.

결국 공부는 다른 사람이 아니라 나의 꿈을 이루기 위해, 내가 좀 더 멋진 사람이 되기 위해 해야 하는 것입니다.

2 학교에서 보는 단원평가가 중요한가요?

1학년이나 2학년 때는 주로 국어 받아쓰기 시험을 봅니다. 그리고 3학년부터는 수학 단원평가를 보거나 담임 선생님에 따라 국어, 사회, 과학 시험을 보기도 하죠. 여러분의 부모님이 초등학교에 다닐 때는 중간고사와 기말고사가 있었어요. 모든 학생이 그 시험을 보기 위해 열심히 공부했지요. 아주 스트레스가 심하고 피곤했답니다. 그래서 초등학생들의 마음 건강을 위해 중간고사와 기말고사를 없앤 거죠. 하지만 어떤 담임 선생님은 단원이 끝날 때마다 시험을 보기도 합니다.

그래서 어린이들은 그 단원평가가 중요한지 궁금해합니다. 나중에 대학교 갈 때 필요한 것도 아니고, 중학교에 가서 마음먹고 열심히 공부하면 되는데 초등학교 때부터 단원평가를 봐야 하는지 불평하기도 합니다. 하지만 학교에서 보는 단원평가는 중요합니다. 100점을 받는 게 중요한 것이 아니라, 미리 집에서 공부하며 대비하는 습관을 기르는 것이 중요하지요. 왜 그럴까요?

학교에서 보는 단원평가는 그렇게 어렵지 않습니다. 처음 보는 내용이 나오는 경우도 거의 없어요. 대부분 배운 내용이고, 실수로 몇 개 틀리기도 합니다. 그런데도 단원평가가 중요한 이유는 단원평가 점수가 잘 나오면 학교생활이 재밌고 자신감이 생기기 때문입니다. 어린이들은 학교에서 누가 공부를 잘하는지, 또는 누가 못하는지 잘 알고 있습니다. 그렇다면 공부를 잘한다는 기준이 뭘까요? 바로 단원평가 점수입니다.

단원평가 점수가 좋으면 자신감이 생기고 선생님의 수업도 쉽게 이해됩니다. 그렇다고 단원평가에서 매번 100점을 받으라는 말은 아닙니다. 배운 단원을 다시 공부하고 이해하는 과정이 중요하다는 뜻입니다. 아예 공부를 하지 않아서 20점, 30점을 받으면 곤란합니다. 누구나 집에서 조금만 준비하면 단원평가 점수가 잘 나올 수 있으니 단원평가에 대비해서 공부한 뒤 시험을 보는 건 어떨까요? 단원평가 점수가 잘 나오면 선생님이나 부모님께 칭찬받고 기분도 좋아질 뿐 아니라, 공부하는 습관의 기초도 다질 수 있습니다. 그런 작은 습관과 자신감이 쌓여 중학교, 고등학교 공부의 기초가 되는 것입니다.

2장

누구에게나 각자의 공부법이 있다

은공 쌤의 정체를 밝혀라

"누, 누구세요?"

소이가 거인을 올려다보며 떨리는 목소리로 물었다. 불쑥 나타난 고구마 씹어 먹는 거인 때문에 너무 놀라 가슴이 두근거릴 정도였다.

"나로 말할 것 같으면, 이 학당의 주인장 서은공 쌤이다."

"네? 쌤이 쌤이라고요?"

얼마나 놀랐는지 찬서마저도 핸드폰을 내팽개치고 남자에게 되물었다.

"무슨 쌤이 그래요?"

찬서는 자기도 모르게 속마음을 내뱉었다. 찬서가 지금까지 학교에서, 학원에서 보아 온 쌤들은 저런 모습이 아니었다. 남자는 쌤이라기보다는 일 잘하는 농부나 동화책에서 본 나무꾼 같았다. 맨손으로 나무를 뽑고 호랑이를 때려잡는 천하장사처럼 보이기도 했다. 찬서의 말에 거인이 껄껄 웃었다.

"그렇지? 좀 이상하지? 에잇, 이 안 어울리는 옷 좀 벗어 던져야겠다."

남자는 말을 끝내자마자 이때다 싶은지 두루마기를 훌훌 벗어 던졌다. 그제야 남자와 어울리는 생활한복 차림이 나타났다. 생활한복이긴 했지만 말끔하진 않았고, 온통 땀에 젖어 있었다. 군데군데 흙먼지도 보였다. 자신의 옷차림을 내려다보던 남자가 민망한지 흠흠 헛기침을 하며 괜히 옷을 툭툭 털어냈다.

"이건 너무 땀에 절었나? 쌤이 농사를 짓다 보니 이런 모습으로 첫인사를 하게 됐구나. 모습은 이래도 오늘부터 너희들을 가르칠 쌤이다. 대학에서 학생들을 가르쳤고, 지금은 고향으로 돌아와 이렇게 농부로 살고 있지."

남자는 그렇게 말한 뒤 손에 들고 있던 고구마를 주머니에 쏙 집어넣고는 아이들에게 다가가 큰 손을 내밀어 악수를 청했다. 아이들은 엉겁결에 남자의 두툼하고 거친 손을 잡았다. 위아래로 크게 흔들어 악수를 마친 남자는 아이들을 둘러보며 말했다.

"자, 너희들 오른쪽으로 방이 보이지? 각 방문 앞에 너희 이름이 쓰여 있다. 그 방으로 들어가서 잠깐 대기해라. 잠시 뒤에 너희들에게 어떤 일이 일어날 것이다."

"어떤 일이라뇨?"

"무슨 일이요?"

아이들이 깜짝 놀라서 이구동성으로 와글와글 물었다.

"어떤 일이 일어난다뇨? 무섭게 왜 그러세요?"

선우가 겁먹은 눈으로 주춤주춤 뒤로 물러서며 말했다.

"하하하, 겁먹을 건 없어. 무서운 일은 일어나지 않아. 누구에게는 공포스러운 일일 수도 있지만 말야. 자, 그럼 모두 각자의 방으로!"

은공 쌤은 동네가 쩌렁쩌렁 울릴 만큼 큰 소리로 외친 뒤 대청마루를 내려가 대문 밖으로 사라졌다. 아이들은 산처럼 커다란 은공 쌤의 뒷모습을 멍하니 바라보다가 황당하다는 듯 서로의 얼굴을 쳐다보았다.

"뭔가 이상하지 않아?"

찬서가 불안한 표정으로 말했다.

"진짜 이상해. 무슨 캠프가 이래?"

선우도 인상을 찌푸리며 말했다.

"우리 납치된 거 아니야?"

유나가 울 것 같은 표정으로 말했다.

"말이 되는 소리를 해. 엄마들이 납치범한테 우리를 데려다주겠냐."

선우가 한심하다는 듯 말했다.

"엄마들도 모를 수 있지. 저 쌤이 엄마들한테 사기를 쳤을 수도 있잖아."

소이의 말에 유나도 동조했다.

"헐, 정말 그럴 수도 있는 거 아냐?"

아이들이 갑자기 웅성대기 시작했다. 서로 하고 싶은 말만 해서 무슨 말을 하는지 아무도 알아들을 수가 없었다.

"야야야, 잠깐! 그러지 말고 검색을 해 보자."

찬서가 제안하자 아이들 모두가 일순간 입을 다물었다.

"검색? 그거 좋은 생각이다!"

소이가 손뼉을 치며 맞장구를 쳤다.

"우선 몸을 숨겨야 돼. 쌤이 갑자기 들이닥칠 수도 있잖아."

찬서는 작은 방 앞으로 길게 뻗은 툇마루 쪽으로 가서 주위를 살폈다. 아무도 없었다. 찬서는 대청마루에 서서 자신만 뚫어지게 바라보고 있는 아이들을 손짓으로 불렀다. 은공 쌤의 말처럼 정말 네 개의 방문 앞에는 아이들 이름이 적혀 있었다. 장선우, 허소이, 김찬서, 박유나 순이었다. 찬서는 제일 앞쪽의 선우 방으로 들어갔고 아이들도 우르르 따라 들어갔다. 방은 한 명이 충분히 지낼 수 있을 만큼 적당히 넓고 충분히 깨끗했다.

"저기 노트북 있다!"

노트북은 작은 앉은뱅이 나무 책상 위에 놓여 있었다. 아이들은 누가 먼저랄 것도 없이 노트북을 빙 둘러싸고 모여 앉았다. 찬서가 능숙하게 노트북 전원을 켰다.

"아까 쌤 이름이 뭐라고 했지?"

아이들이 주섬주섬 남자의 이름을 가르쳐 줬고, 찬서는 검색 창에 '서은공'이라는 이름을 쳤다. 기사가 주르르 꼬리를 물며 나타났다. 아이들은 몸을 숙여 노트북 화면 앞으로 바짝 다가갔다.

"○○대학 서은공 교수 잠적하다!"

"명강의로 유명한 ○○대학 서은공 교수, 모든 것 내려놓겠다고 밝혀"

"신동으로 이름 날렸던 ○○대학 서은공 교수, 갑작스레 사라진 이유"

"서은공 교수는 왜 명예를 버렸나"

이런 류의 기사가 여러 개 떴다. 놀란 아이들은 숨을 죽이며 서로의 얼굴을 바라볼 뿐이었다.

"뭐야, 엄청 유명한 사람인가 봐."

"거짓말인 줄 알았더니 정말 대학교 교수였네."

"근데 무슨 일이 있었던 것 같은데?"

"야, 빨리 기사 클릭해 봐."

아이들이 쏟아 내는 말로 방 안은 순식간에 아수라장이 되었다. 찬서는 아이들에게 손을 휘휘 저으며 다급하게 말했다.

"야, 니들 조용히 좀 해. 밖에서 다 들리겠어. 잠깐만, 이 기사를 클릭해 보자."

찬서가 숨을 훅 내쉬고는 "신동으로 이름 날렸던 ○○대학 서은공 교수, 갑작스레 사라진 이유"라는 제목의 기사를 클릭했다. 아이들 모두가 숨죽인 채 노트북 앞으로 더 바싹 다가앉았다. 찬서가 기사를 읽기 시작했다.

"명강의로 이름 높은 ○○대학 서은공 교수가 지난 주 갑자기 학교 측에 사직서를 제출한 것으로 알려졌다. 삶의 가치와 의미에 대한 감동적인 강의로 많은 사람들에게 귀감이 될 만한 지식인으로 칭송받는 서은공 교수는, 베스트셀러 작가이자 수

강 신청마저 어려운 스타 교수이기도 하다."

찬서가 여기까지 읽자 아이들의 입에서 탄성이 새어 나왔다.

"뭐야, 엄청 훌륭한 분이잖아."

"근데 왜 이런 시골에 짱 박혀서 사는 거야? 이렇게 유명하면 돈도 많이 벌 수 있잖아."

"무슨 안 좋은 사건을 저지른 거 아냐?"

"맞아, 그럴 수도 있어. 엄청난 잘못을 저질러서 사람들을 피해 숨어 버린 거지."

"가만히 좀 있어 봐. 근데 이 기사가 2년 전 기사야."

찬서의 말에 아이들이 또 한 번 놀랐다.

"뭐?"

아이들 입에서 동시에 똑같은 말이 튀어나왔다.

"야, 계속 읽어 봐."

아이들이 찬서를 다그쳤다.

"서은공 교수의 갑작스러운 퇴직은 학교 관계자는 물론이고 학생들에게도 큰 충격이었는데, 학교 측은 서은공 교수의 결정을 사전에 전혀 몰랐던 것으로 알려졌다."

찬서가 기사를 다 읽었을 때, 갑자기 방문이 벌컥 열리며 은공 쌤이 모습을 드러냈다.

"녀석들, 여기서 뭐 하고 있는 거야?"

은공 쌤이 천둥 같은 목소리로 소리를 쳤다. 화들짝 놀란 아이들은 모두 엉덩방아를 찧으며 비명을 지르고 말았다.

"악!!!!"

아이들과 은공 쌤의 눈이 맞부딪쳤다. 은공 쌤이 성큼성큼 방 안으로 들어섰다. 아이들은 슬금슬금 뒤로 몸을 피했다. 방 안으로 들어온 은공 쌤은 아이들이 보고 있던 노트북을 번쩍 들어 화면을 들여다보았다. 그러고는 "휴." 하고 한숨을 내쉬었다. 아이들은 눈을 동그랗게 뜨고 바들바들 떨고 있었다. 도대체 자신들에게 무슨 일이 일어나고 있는 건지, 앞으로 무슨 일이 일어날지 겁이 나서 도망치고 싶은 마음뿐이었다.

은공 쌤의 고백

 안방으로 자리를 옮긴 아이들과 은공 쌤은 서로를 마주보고 앉아 있었다. 아이들은 혹시 쌤한테 혼이라도 나는 게 아닐까 가슴을 졸이고 있었다. 은공 쌤은 방 안에 들어온 지 10분이 지났는데도 아무 말 없이 그저 허공 어딘가에 시선을 둔 채 고구마를 우적우적 씹고 있었다. 대체 왜 생고구마를 들고 다니면서 씹어 먹고 있는 건지 아이들은 영문을 알 수 없었다. 하지만 아무도 그 이유를 물어볼 수 없었다. 방 안 분위기가 너무 무거웠기 때문이다. 방 안에는 은공 쌤의 고구마 씹는 소리만 울려 퍼졌다.
 "쌤, 이제 정체를 밝히시죠."
 용기를 낸 찬서가 마치 경찰처럼 은공 쌤을 향해 근엄하게 말했다. 아이들은 찬서의 갑작스런 발언에 놀라면서도 은공 쌤이 과연 이 질문에 어떤 대답을 할까 너무 궁금해서 눈을 똑바로 뜨고 은공 쌤을 바라보았다.

"흠, 이렇게 내 정체를 밝혀야 하는 건가?"

은공 쌤이 깊은 숨을 내쉬고는 들고 있던 고구마를 주머니에 쏙 집어넣었다. 입 안에 남은 고구마를 다 먹은 뒤 은공 쌤이 입을 열었다.

"너희들이 본 기사는 모두 사실이다. 쌤은 2년 전에 6년 동안 근무했던 대학 교수직을 그만뒀지."

"헐, 왜요?"

소이가 대뜸 물었다.

"음…. 쌤이 살고 싶은 대로 살고 싶어서?"

아이들은 은공 쌤의 뜬금없는 대답에 할 말을 잃었다. 대체 뭔 소리지?

"지금부터 쌤의 이야기를 시작하지. 자랑이긴 한데 쌤은 굉장히 똑똑한 아이였다. 머리가 아주 좋고 그러다 보니까 공부도 아주 잘했지."

은공 쌤이 아이들의 눈을 하나하나 마주보며 말을 이었다. 마치 연극을 하는 것처럼 어색한 말투였다. 아이들은 저 말을 믿어야 하나 말아야 하나 잠시 의심스러웠지만, 아까 기사에서 은공 쌤을 '신동'이라고 표현한 걸 보았기 때문에 믿지 않을 수도 없었다. 은공 쌤은 진실을 거짓처럼 말하는 기술이 있는 듯했다.

"그렇게 어려움 없이 대학을 갔고, 유학을 갔고, 대학교수가 됐다."

"와~, 대박 천재시네요."

찬서가 부러움을 가득 담아 감탄했다.

"그래, 누구나 부러워했지. 그런데 어느 날 가만히 생각해 보니까 그 모든 것이 나의 선택이나 의지가 아니었더구나."

아이들은 고개를 갸우뚱했다. 은공 쌤의 말을 이해할 수 없는 유나가 물었다.

"그럼 누가 억지로 공부를 시킨 거예요? 엄마가요?"

"그렇진 않았지. 쌤이 하고 싶어서 한 거였으니까. 그런데 아주 어렸을 때부터 '너는 똑똑한 아이다'라고 결론이 내려지니까 공부밖에 할 게 없었던 거야. 다른 건 전혀 생각해 볼 기회도 없었어. 그냥 난 공부를 해야 되는 사람인가 보다 생각했던 거지."

"그러니까, 우리가 학교를 가야 하는 학생이니까 가야 하나 보다 하는 것처럼요?"

찬서가 물었다.

"그래, 비슷하지. 그렇게 공부 잘하는 사람들이 가는 길을 아무 생각 없이 따라가다 보니까 교수가 되어 있었어. 그런데 어느 순간, 그게 즐겁지가 않더라고."

"와, 대박!! 교수님인데 안 즐겁다뇨? 교수님은 돈 많이 벌지 않아요? 난 돈 많이 벌면 뭐든 재밌을 것 같은데."

소이가 이해할 수 없다는 말투로 물었다.

"안 즐겁더구나."

아이들 모두가 믿을 수 없다는 듯 고개를 절레절레 저었다.

"그때부터 쌤은 나는 무엇을 하면 즐거운 사람인가를 생각하기 시작했어."

"근데 그게 농사였어요?"

선우가 물었다.

"아니, 가수!"

"네?"

아이들 모두가 경악하며 되물었다. 얼마나 놀랐는지 머리카락이 쭈뼛 설 지경이었다.

"말이 돼요?"

찬서가 저도 모르게 또 속마음을 내뱉었다.

"말이 안 되기는 하더구나. 노래교실을 6개월 다니다 보니까 내가 얼마나 노래를 못하는지 알게 됐어. 그래서 노래 부르는 건 직업이 아니라 취미로 삼아야겠다고 결론 냈지."

"휴, 다행이다."

소이의 말에 아이들 모두가 웃음을 터뜨렸다.

"그래서 다시 가수 말고 되고 싶은 게 뭘까 생각해 보니 농부가 되고 싶더구나. 어렸을 때부터 방학이면 할아버지 댁인 이 집에 내려와서 할아버지 할머니랑 농사를 지었거든. 고추도 심고, 배추도 심고, 저 앞 과수원에 있는 사과랑 배도 따고. 철이 되면 열매를 맺고, 그 열매를 사람들에게 내어 주고, 다시 힘을 내서 또 열매를 맺는 자연이 그때부터 너무 존경스럽고 좋았어."

아이들 모두가 숨 죽인 채 은공 쌤의 이야기를 들었다.

"그래서 농부가 됐고, 하루하루가 즐거웠지. 왜 진작 이 길을 택하지 않았을까 하는 생각이 들었다. 그렇게 2년을 지내다 보니까 나만 이렇게 행복하면 안 된다, 내가 가진 능력으로 누군가에게도 행복을 주고 싶다, 그런 생각이 들더구나. 그래서 뭘

하면 사람들에게 도움을 줄 수 있을까 생각해 봤지. 공부였어. 쌤이 그동안 해 온 게 공부밖에 없으니까."

"그래서 이 학당을 시작하신 거예요?"

유나가 물었다.

"그렇지. 너희들처럼 공부 때문에 괴로워하는 친구들을 돕고 싶었단다. 나처럼 헤매지 말고 처음부터 자기가 하고 싶은 걸 찾으면 얼마나 좋겠어."

아이들 모두가 고개를 끄덕였다.

"얘들아, 공부는 무조건 열심히만 한다고 되는 게 아니다. 너희들 각자에게 맞는 공부법이 있어. 그 공부법을 찾으려면 너희가 왜 공부를 해야 하는지를 찾아야 돼. 쌤처럼 그냥 해야 되니까 하는 게 아니라, 왜 해야 하는지를 찾아야 너희에게 맞는 공부를 할 수 있는 거야. 안 그러면 생각 없이 그냥 학교 다니고, 그냥 학원 다니고, 그러다 그냥저냥 살게 돼. 누구든 행복하게 살 권리가 있잖아. 그걸 쌤이 도와줄 수 있을 것 같다."

"각자에게 맞는 공부법이 있다고요?"

유나가 귀가 솔깃해져서 물었다.

"그럼! 사람마다 공부법이 다 달라. 너희들을 봐. 성격도 얼굴도 생각도 다 다르잖아. 그러니 각자에게 맞는 공부법이 다 있는 법이지."

"그걸 쌤이 어떻게 찾아 주세요? 오늘 저희들을 처음 보셨는데요."

선우가 시큰둥하게 물었다. 그러자 은공 쌤이 책상 위에 놓인 작은 리모콘 하나를 흔들어 보였다.

"이 안에 다 들어 있지~."

아이들은 은공 쌤이 손에 들고 흔드는 리모콘을 바라보았다. 그건 그냥 평범한 리모콘이었다. 대체 저게 뭐라고 쌤이 저렇게 의기양양한 걸까? 그때 방 안의 불이 딸깍 꺼졌다.

천차만별, 우리들의 24시간

"헉!"

깜깜한 방 안에 갇힌 아이들이 깜짝 놀라 숨을 들이마셨을 때, 아이들 등 뒤에서 지지직거리는 소리가 들려왔다. 아이들이 소리 나는 쪽으로 고개를 돌리니 방문 위에서 커다란 스크린이 천천히 내려오고 있었다. 아이들은 깜짝 놀랐다. 이렇게 오래된 한옥 집에 이런 첨단시설이 있을 줄은 생각도 못했기 때문이다.

"자, 지금부터 우리는 10분짜리 영화 네 편을 볼 거야. 감독은 너희들의 엄마. 주연은 장선우, 박유나, 허소이, 김찬서. 편집은 서은공. 너희들의 첫 영화 데뷔작이 되겠구나, 하하하."

아이들은 이게 무슨 소리인가 싶었다. 영화? 주연? 감독? 아이들이 술렁거릴 때 스크린에 선우가 등장했다.

"야! 너잖아."

찬서가 선우를 쳐다보며 흥분해서 소리쳤다. 스크린 위에 모습을 드러낸 건 분명 선우였다. 책상에 앉아 있는 선우의 뒷모습이었다.

"무슨 공부 중이야?"

스크린 속 선우 엄마가 과일 접시를 내려놓으며 선우에게 물었다. 엄마의 시선에 따라 카메라가 움직이는 것을 보니 영상을 찍고 있는 건 선우 엄마였다.

"수학."

선우가 엄마를 쳐다보지도 않은 채 시큰둥하게 말했다.

"학원 숙제?"

선우가 귀찮은 듯 고개를 끄덕였다.

"그래, 그럼. 열심히 해~."

선우 엄마는 그렇게 말하며 뒷걸음질을 쳤다. 그 뒤부터 영상은 빨리 움직였다. 영상 하단부에는 초시계 숫자가 빠르게 움직이고 있었다.

"캬아, 영화감독 부럽지 않은 쌤의 편집 기술을 보렴, 애들아. 기가 막히지 않니."

은공 쌤은 혼자 영상에 도취되어 있었다. 스크린에서는 계속 선우의 모습이 흘러나왔다. 책상에 앉아 있는 선우는 기지개를 켜기도 하고, 몸을 뒤로 젖히기도 하고, 귀를 파기도 하고, 다리를 떨기도 했다. 하지만 좀처럼 의자에서 일어나지 않았고, 오랫동안 책상에 앉아 있었다. 잠시 뒤에는 거실 소파에 삐딱하게 누워 핸드폰 게임을 두 시간 했고, 엄마와 밥을 먹었고, 또 책상에 앉아 공부를 했다.

"아들, 공부 잘 돼?"

선우 엄마가 책상 앞에 앉아 있는 선우에게 묻자, 선우는 또다시 엄마에게 톡 쏘아붙였다.

"엄마, 방해되니까 좀 나가."

엄마에게 짜증 부리는 자신의 모습을 보는 선우의 얼굴이 화끈거렸다.

"와, 너 되게 싸가지 없다. 엄마한테 왜 저렇게 못되게 구냐?"

찬서가 또 속마음을 불쑥 꺼내 놓았다. 선우가 발끈해서 찬서에게 쏘아붙이려 입을 달싹거리자 은공 쌤이 "어허! 쉿!" 하며 두 사람을 제지했다.

"알았다, 알았어. 치사해서 나간다."

입이 삐죽 나온 선우 엄마가 방에서 나갔다. 그때 선우가 획 뒤를 돌아보며 냅다 소리를 질렀다.

"엄마, 아까부터 핸폰 들고 뭐 하는 거야! 그리고 방문 좀 닫고 다녀!"

선우는 씩씩거리며 일어나서 방문을 쾅 닫았다. 선우 엄마는 핸드폰 카메라를 돌려 자신의 얼굴을 비추고는 어깨를 으쓱하며 말했다.

"끝!"

아이들이 선우 엄마의 표정을 보며 와하하 웃음을 터뜨렸다. 황당하기도 하고 섭섭하기도 한 미묘한 표정의 선우 엄마 얼굴 위로 "그 뒤로도 선우는 4시간을 더 공부했다"라는 자막이 떴다. 자막을 보며 아이들이 "와아~." 하며 감탄했다.

"너 왜 저렇게 공부를 많이 해? 너 공부 엄청 잘하나 봐?"

소이가 선우에게 물었다. 선우는 아무 대답도 하지 않았다. 영상을 보고 난 선우는 그제야 왜 엄마가 며칠 동안 핸드폰을 들이대면서 자기를 쫓아다녔는지 알 것 같았다. 영상을 찍어 은공 쌤에게 보내 주기 위해서였다.

'나한테 말도 안 하고 이런 영상을 찍다니!'

선우는 부글부글 화가 났다. 하지만 평소에도 사진이나 영상을 많이 찍는 엄마였고, 선우도 엄마가 자신을 찍고 있다는 걸 알고 있었기 때문에 딱히 화를 낼 포인트가 없었다. 게다가 은공 쌤에게는 교육 목적으로 보낸 것일 테니 항의할 수도 없었다. 그냥 화를 참으며 콧김을 내뿜을 수밖에.

선우가 감정을 가까스로 추스를 때쯤 이번에는 스크린에 소이가 등장했다.

"아악!"

소이가 눈을 가리며 비명을 질렀다. 빅스타의 멤버 얼굴이 그려진 커다란 베개를 껴안고 빅스타의 노래를 고래고래 따라 부르는 자신의 모습이 나타났기 때문이다. 아이들이 박수를 치며 깔깔깔 웃었다.

"너는 나를 꿈꾸게 하는 엔젤, 우리는 이제 행복을 찾을 거야, 베이비."

고래고래 노래 부르는 소이를 보며 아이들이 박장대소를 했다. 소이는 얼굴을 두 손으로 가리고 발을 동동 굴렀다. 그래도 손가락 사이로 자신의 모습을 놓치지 않고 보았다.

"너는 나를 자유롭게 하는 엔젤, 우리는 이제 평화를 찾을 거야, 베이비."

영상을 보는 아이들이 하나둘 노래를 따라 불렀다. 은공 쌤도 흥얼흥얼 따라 불렀다.

"어머, 쌤도 우리 빅스타 오빠들 팬이세요?"

소이가 흥분에 들떠 묻자, 은공 쌤이 어깨춤을 추며 말했다.

"쌤 꿈이 가수였다니까."

"트로트 가수가 아니라 아이돌 가수가 꿈이었다고요?"

아이들이 까르르 웃었다. 은공 쌤은 눈을 감고 노래에 심취

해 따라 불렀다. 순간, 방 안은 콘서트장이 되었다. 스크린 속 소이는 하루 종일 빅스타 노래를 따라 부르고 빅스타 굿즈를 끼고 다녔다. 유튜브로는 빅스타 영상을 보며 바닥을 치면서 깔깔 웃었고, 숙제를 할 때도 빅스타 노래를 틀어 놓고 흥얼흥얼 따라 부르며 숙제를 했다. 엄마는 그런 소이를 보며 찰싹찰싹 등을 때렸다.

"아이고, 허소이. 그만해, 좀! 얘네가 밥을 먹여 주냐, 대학을 보내 주냐. 그만 좀 해!"

"악, 엄마, 아파! 걱정 마, 내 일은 내가 알아서 하니까."

소이가 빽 소리를 질렀다.

"말은 잘하지, 말은 잘해. 니가 알아서 해서 성적이 그 모양이냐!"

스크린 속에서 아옹다옹 다투는 두 사람을 보며 아이들은 웃느라 정신이 없었다. 심지어는 소이도 자신의 모습을 보며 깔깔 웃었다. 자신을 찍는 엄마의 핸드폰 카메라에 얼굴을 들이대며 손하트를 날리는 소이의 모습 위로 "빅스타를 본 6시간"이라는 자막이 떴다. 아이들이 "와아~." 하며 깜짝 놀랐다. 소이도 머쓱한지 어깨를 으쓱하며 어색하게 웃었다.

다음 영상의 주인공은 찬서였다. 찬서는 거실 소파에 앉아 핸드폰을 뚫어져라 바라보며 게임을 하고 있었다. 주위에서 아무리 밥을 먹어라, 숙제를 해라 소리를 질러도 찬서는 꿈쩍도 하지 않았다.

"누가 누구 보고 싸가지가 없다는 거냐?"

선우가 찬서를 보며 콧방귀를 꼈다. 찬서가 비아냥거리는 선우 말을 듣지 않으려고 귀를 막았다. 스크린 속 찬서는 손에서 핸드폰을 놓을 때가 거의 없었다. 엄마는 찬서에게 핸드폰을 내놓으라고 소리를 치고, 찬서는 절대 못 내놓는다고 소리를 지르고, 두 사람 사이의 대화라고는 온통 핸드폰 얘기뿐이었다.

"너 김찬서, 그렇게 계속 핸폰만 들여다보고 있어 봐. 엄마가 핸폰 뺏어 버릴 거야."

"엄마, 줬다 뺏는 게 어딨어. 그건 너무 치사하지."

찬서는 엄마가 아무리 혼을 내도 움츠러들지도 않았다. 사실 엄마가 무섭게 화를 내는 것도 아니었다. 막내라서 마냥 귀엽게만 보이는 탓에 크게 혼을 내지 않았고, 찬서도 그런 엄마의 마음을 아주 잘 알고 있었다. 빠른 속도로 돌아가는 영상 속 찬서는 하루 종일 핸드폰으로 게임을 하고 유튜브를 보고 친구들과 톡을 했다. 억지로 숙제를 하는 시간을 빼면 거의 핸드폰과 한 몸이었다. 찬서의 영상 마지막에는 "핸드폰과 함께한 8시간"이라는 자막이 떴다.

"와, 너 대박이다. 어떻게 하루에 8시간이나 핸폰을 보냐? 제 정신이냐?"

 선우가 찬서에게 복수를 하겠다는 듯 찬서를 놀렸다. 찬서는 화가 났지만 선우의 말에 반박할 수가 없었다. 다 맞는 말이었고, 자신의 모습을 영상으로 보니 조금 심하다는 생각도 들었다.

 다음 영상은 닫혀 있는 방문에서 시작했다. 자신의 영상을 보는 유나는 거의 울 것 같은 얼굴이었다. 자신의 어떤 모습이 나올지 예상할 수 있었기 때문이다. 영상 속 방문이 빼꼼 열리고 유나의 자는 모습이 먼발치에서 보였다. 다시 방문이 닫히고, 잠시 뒤 다시 방문이 열리고, 또 자고 있는 유나가 보이고, 또다시 방문이 닫혔다. 영상 속 유나는 하루 종일 잠을 잤다. 책상에 앉아 있을 때도 꾸벅꾸벅 졸았고, 늘 생기 없이 좀비처럼 걸어 다녔다. 유나는 영상 속 자신의 모습을 보며 얼굴이 새빨개졌다. 정말 자는 것 말고는 하는 일이 거의 없었고, 한다고 하더라도 전혀 즐거워 보이지 않았다.

"우리 잠공님 나오셨네?"

 낮잠을 자고 거실로 나온 유나를 향해 아빠가 장난을 치자, 영상을 보고 있던 찬서가 유나에게 물었다.

"잠공이 뭐야?"

 하지만 유나는 찬서를 쳐다보지도 않았다. 그냥 쥐구멍에 숨고 싶을 뿐이었다. 식탁에 멍하니 앉아 있는 유나의 얼굴 위로

"낮잠 5시간"이라는 자막이 떴다. 그리고 음악이 흐르며 영상이 끝났다.

아이들은 한숨을 푹푹 내쉬었다. 자신의 모습을 이렇게 영상으로 보니 심각하다는 생각이 들었다. 기분이 묘했다. 정말 저렇게 시간을 보내고 있다고? 시간을 알차게 쓰지 못한다는 건 알고 있었지만 이렇게 영상으로 보니 부끄럽고 창피했다.

"쌤이 엄마들한테 너희들 영상을 찍어 달라고 부탁한 이유는 너희들을 부끄럽게 만들기 위해서가 아니다."

은공 쌤의 말에 아이들이 하나둘 몸을 돌려 은공 쌤을 바라보았다.

"너희들의 평소 생활 모습을 너희들에게 객관적으로 보여 주기 위해서야."

아이들은 할 말이 없었다.

"자신을 제대로 보는 건 정말 힘든 일이거든. 하지만 자신의 모습을 제대로 알아야 내가 누군지 알게 되고, 나한테 맞는 계획을 세울 수 있어."

"쌤, 아무리 그래도 그렇지, 저희 허락도 없이 이렇게 사생활을 다 공개하는 건 기분이 좋지 않아요."

찬서가 투덜거렸다.

"쌤도 그 부분은 미안하구나. 하지만 쌤이 평소 너희들의 공부 습관을 알아야 공부에 대한 조언을 해 줄 수 있잖아. 그래서 부모님들께 부탁한 거야. 그건 너희들이 이해해 줘야지. 그리고 자신이 갖고 있는 부끄러운 모습까지 다 알고 그걸 받아들일 줄 알아야 해. 그래야 고칠 수 있어."

찬서는 할 말이 없어 입을 꾹 다물었다.

"자존심? 창피함? 이런 건 우리 집 누렁이한테나 주자고."

아이들은 한숨을 푹 내쉬었다. 기분이 복잡했다. 창피하기도 하고 부끄럽기도 하고, 고치고 싶기도 하고 여기에서 도망치고 싶기도 했다.

"자, 지금부터 우리는 한 팀이야! 혼공 팀!"

"혼공 팀이요?"

선우가 의아한 표정으로 물었다.

"혼자 공부하는 팀! 그게 산골학당에서 너희들이 이뤄야 할 목표다!"

혼공? 아이들은 생각했다. 혼자 공부를 하라고? 세계 최고로 똑똑한 박사님이 붙어 앉아서 공부를 가르쳐도 안 될 판에 혼자 공부를 하라고? 아이들은 모두 기가 막힌 표정이었다. 대체 은공 쌤이 무슨 꿍꿍이인지 알 수가 없었다. 아니, 실현할 수 있는 꿍꿍이가 아닌 것 같았다.

너 자신을 알라

"혼공 계획을 세우기 전에 한 사람씩 자신의 영화를 본 소감을 발표해 볼까?"

은공 쌤의 얘기에 아이들이 "우우~." 하며 야유를 보냈다. 은공 쌤이 손을 들어 아이들을 진정시켰다.

"어디 보자~."

은공 쌤이 휘 둘러보자 아이들은 은공 쌤과 눈을 마주치지 않으려고 딴 곳으로 시선을 돌렸다. 눈을 마주치고 싶은 은공 쌤과 눈을 마주치기 싫은 아이들의 눈동자 굴러가는 소리만 방 안에 가득했다.

"자, 그럼 제일 먼저… 선우!"

은공 쌤의 호명에 선우가 망했다는 표정을 지었다. 하지만 은공 쌤이 눈도 깜박이지 않고 자신을 똑바로 바라보니 도망 갈 곳이 없었다. 선우가 작게 한숨을 내쉬고는 이야기를 시작했다.

"엄마한테 너무 버릇이 없는 것 같아요."

"내가 그랬잖아. 너 싸가지 없다니까?"

찬서가 불쑥 끼어들었다.

"야!"

선우가 화를 참지 못하고 버럭 소리를 질렀다. 깜짝 놀란 찬서가 어깨를 움츠렸다.

"찬서는 입 좀 단속하자. 벌점 1점!"

"네? 벌점 1점이면 벌칙이 뭔데요?"

"1시간 동안 핸드폰 사용 금지!"

찬서에게는 하늘이 무너지는 벌칙이었다. 찬서는 입이 30센티미터는 삐죽 나온 채로 입을 꾹 다물었다.

"그리고?"

은공 쌤이 선우를 보며 되물었다.

"그리고 너무 오래 공부하는 것 같아요. 공부하는 동안 딴짓도 많이 하고요."

"저렇게 오랫동안 공부하니까 너 공부 잘하겠다. 그치?"

소이가 선우에게 뜬금없이 물었다. 선우가 힘없이 고개를 저었다.

"진짜? 저렇게 오랫동안 공부하는데 공부를 못한다고? 그럼 바보 아냐?"

믿을 수 없다는 듯 반문하는 소이의 말에 선우의 얼굴이 붉으락푸르락해졌다.

"소이도 벌점 1점!"

"예? 저는 벌칙이 뭔데요?"

"빅스타 노래 1시간 동안 금지!"

소이가 어이없다는 표정을 지었다. 하지만 소이도 또 벌칙을 받을까 봐 입을 꾹 다물 수밖에 없었다.

"이제 선우의 영화에 대한 쌤의 감상평을 말할게."

은공 쌤이 선우를 보며 진지하게 말했다.

"선우는 공부를 무턱대고 많이 해. 공부는 무조건 많이 한다고 잘하게 되지 않아. 어떤 방법으로 하느냐가 중요하지. 선우는 책상 앞에 오래 앉아 있지만 정작 집중하는 시간은 길지 않아. 선우 말대로 딴짓을 너무 많이 하고 있어. 짧더라도 집중력 있게 공부해야 능률이 오르는 거야."

선우가 고개를 끄덕였다.

"쌤이 보기에 선우는 학습 무기력에 빠져 있어."

"학습 무기력이요?"

선우가 되물었다.

"한마디로 자신감을 잃어버린 거지. 공부에 부담을 느끼기 시작한 거야. 왜 그렇게 됐을까?"

은공 쌤의 따뜻한 눈길에 선우는 자기도 모르게 속마음을 털어놓았다.

"학원 시험을… 두 번이나 망쳤어요. 학원 쌤들과 엄마의 실망하는 표정이 잊히지 않아요. 제 스스로한테도 많이 실망했고요. 시험지만 보면 갑자기 머릿속이 까매지면서 아무것도 생각이 안 나더라고요. 사람들이 다 저만 보고 있는 것 같고, 그 뒤로 공부가 무서워졌어요."

"선우는 그런 부담감과 두려움에서 벗어나야 해. 혼공 팀하고 같이 공부하면서 그걸 벗어던져 버리자."

"네? 얘네들하고요?"

선우가 말이 되냐는 표정으로 아이들을 둘러봤다.

"참나, 너 우리 무시하냐?"

찬서가 떨떠름한 표정으로 불평했다.

"무시하지 않게 생겼냐? 너희들 다 '공부'의 '공' 자도 모르는 것 같은데…."

"야!!"

찬서, 소이, 유나가 한꺼번에 입을 동굴처럼 크게 벌리고 선우를 향해 빽 소리를 질렀다. 선우가 귀를 틀어막았다.

"야, 우리 무시하지 마. 이래 봬도 한다면 하는 사람들이야!"

찬서가 선우를 보며 의기양양하게 말했다.

"언제 봤다고 벌써 우리야?"

선우가 콧방귀를 뀌었다. 은공 쌤이 다시 아이들 사이에 끼어들었다.

"어허, 벌점 받고 싶은 사람이 또 있나 본데?"

아이들이 순식간에 입을 다물었다.

"그리고 선우는 무엇보다 공부하는 이유를 찾아야 돼. 공부가 하기 싫어지고 부담스러워지는 이유 중의 하나는 목표 없는 공부 때문이야. 그냥 하라니까 하는, 해야 하니까 하는 공부는 지칠 수밖에 없어."

"공부를 하는 이유요?"

"그래, 아주 중요한 문제야. 내일까지 잘 생각해 보고 쌤한테 말해 주렴."

"네."

선우가 깊은 생각에 잠긴 얼굴로 대답했다.

"다음은, 유나?"

은공 쌤이 유나를 바라보았다. 유나는 주저하며 아무 말도 못 했다. 그러자 찬서가 손을 번쩍 들었다.

"박유나는 잠을 너~~~~무너무 많이 잡니다!"

아이들이 키득키득 웃었다. 유나가 입을 삐죽거렸다.

"찬서 벌점 2점. 오늘 2시간 핸드폰 금지다."

선우가 찬서를 보며 쌤통이라는 듯 씨익 웃었다. 찬서는 금세 풀이 죽어 어깨를 축 늘어뜨렸다.

"유나, 말해 볼까?"

"음…. 김찬서 말이 맞는 것 같아요. 영상을 보기 전에도 제가 잠을 많이 잔다는 건 알고 있었지만, 영상으로 보니 정말 잠을 많이 자는 것 같아요."

"유나는 왜 그렇게 잠을 많이 잘까?"

은공 쌤이 다정한 목소리로 물었다.

"모르겠어요. 그냥 책만 보면 잠이 와요. 공부만 하려고 하면 잠이 오고요. 그래서 병원에도 가 봤는데 아무 문제가 없대요. 저도 왜 그런지 모르겠어요."

"쌤이 보기에 유나는 지금 잠 속으로 도망 다니고 있어."

유나가 무슨 소리인지 몰라 눈을 동그랗게 떴다.

"유나는 공부를 못한다는 생각 때문에 공부를 아예 해 보려고 하지 않는 거야. 그래서 자꾸 잠 속으로 도망치는 거지. 잠을 자면 아무 생각도 안 할 수 있으니까."

유나의 눈에 스르르 눈물이 맺혔다.

"우리는 누구나 하나쯤 잘하는 게 있어. 유나도 마찬가지야. 그걸 찾아서 자신감을 갖고 그 자신감으로 기초부터 다시 시작하면 돼. 아무 문제없어."

유나의 눈에서 눈물이 뚝뚝 떨어졌다. 자신의 속마음을 너무나 정확히 알고 위로해 주는 은공 쌤이 너무 고마웠기 때문에 흐르는 눈물이었다. 지금까지 누구도 유나의

마음을 이렇게 잘 알아준 사람은 없었다.

"저런, 눈물 뚝! 우리 유나를 누가 울렸어!"

"쌤이요, 쌤!"

아이들이 일제히 은공 쌤을 가리켰다.

"하하하, 미안하다, 유나야. 하지만 사랑의 조언이라는 걸 알고 있지?"

유나가 눈물을 닦으며 크게 고개를 끄덕였다.

"그래, 고맙다. 자, 다음은 찬서?"

찬서를 제외한 아이들이 저마다 "저요, 저요." 하며 손을 번쩍번쩍 들었다. 찬서에게 놀림받은 아이들이 모두 찬서의 순서를 기다리고 있었던 것이다.

"찬서는 세상에서 핸드폰을 가장 오래 보는 열두 살일걸요?"

소이가 쩌렁쩌렁 소리를 질렀다.

"엄마가 뭘 물어봐도 대답도 안 하고 정말 버르장머리가 없어요!"

이번에는 선우의 공격이었다. 찬서는 부글부글 끓는 속을 간신히 참아 내고 있었다.

"이런 걸 뿌린 대로 거둔다고 하는 거야, 찬서야. 하하하."

은공 쌤마저 찬서를 놀리자 찬서가 불만스러운 표정으로 입을 삐죽였다.

"자, 찬서가 직접 자신의 영화에 대해 얘기해 볼까?"

"뭐, 얘네들이 얘기한 게 다 맞아요. 엄마 말대로 정말 징그럽게 말을 안 듣네요. 핸드폰밖에 안 보고. 다른 건 아무것도 안 하고요."

"거 봐, 자신의 모습을 객관적으로 보니까 어떤 점을 고쳐야 하는지 보이잖아. 찬서는 산골학당에서 핸드폰 보는 시간을 조금씩 줄일 거야. 핸드폰 보던 시간에 뭘 해야 할지는 찬서가 정해야겠지."

찬서는 울상을 지었지만 그래도 생활 습관을 고쳐야 한다는 생각은 하고 있었다. 영상 속 자신의 모습에 큰 충격을 받았기 때문이다.

"이제 소이 남았네?"

남자아이들이 손을 번쩍 들고 "저요, 저요." 하며 소리를 질러 댔다.

"그만해, 그만! 나도 알아!"

소이가 남자아이들의 손을 억지로 내리며 먼저 나섰다.

"빅스타 오빠들을 너무 사랑하는 게 문제죠. 학생이 해야 할 일은 하지 않고."

"그건 아냐, 소이야."

은공 쌤의 뜻밖의 말에 소이가 놀란 표정으로 쌤의 얼굴을 바라보았다. 속으로는 내심, 빅스타를 보는 건 문제가 아니니 지금처럼 해도 된다는 말이 나오기를 기대했다.

"빅스타를 좋아하는 건 괜찮아. 쌤도 좋아하니까."

"아싸!"

소이가 주먹으로 허공을 가르며 좋아했다.

"하지만 너무 과한 게 문제겠지? 그건 소이도 잘 알고 있을 거야. 소이가 그렇게 자신이 아닌 다른 대상한테 매달리는 이유는 스트레스가 많아서야."

"에이, 쌤! 말도 안 돼요. 영상 보니까 쟤는 하루 종일 떠들고 노래 부르고 소리 지르던데 무슨 스트레스가 많아요."

찬서의 입이 또 방정이었다. 찬서는 자신도 모르게 말을 뱉어

놓고는 깜짝 놀라 자신의 입을 틀어막았다.

"앗, 죄송."

찬서에게 엄한 눈초리를 보낸 은공 쌤이 다시 소이를 보며 말을 이었다.

"너희들이 스타에게 지나치게 매달리는 이유는 스트레스 때문이야. 자신도 모르게 쌓인 스트레스를 좋아하는 스타들을 보면서 푸는 거지. 그럼 왜 스트레스가 쌓일까?"

"공부 때문이죠, 뭐."

소이가 풀이 죽어 말했다.

"맞아, 공부 때문이지. 다시 말해서 공부가 재미없기 때문에. 미래 목표를 정확히 세우고, 그 목표에 맞는 공부를 하면 공부가 정말 그렇게 재미없을까? 소이가 이 산골학당에서 찾을 건 바로 그거야."

소이는 고개를 끄덕였다. 소이는 자신이 스트레스 때문에 빅스타를 좋아한다고는 한 번도 생각해 본 적이 없었다. 그런데 돌이켜 보니 알게 모르게 공부나 친구 문제 때문에 스트레스를 받았던 것 같고, 그럴 때마다 빅스타의 노래와 영상을 찾아 몰두했다는 걸 깨달았다.

'목표?'

소이는 은공 쌤이 말한 미래 목표에 대해 생각해 봤다.

'빅스타 팬미팅에 가는 거? 빅스타 콘서트에 가는 거? 하지만 그게 나의 목표가 될 순 없지. 목표로 가는 데 힘이 되어 줄 순 있어도.'

소이는 갑자기 의욕이 샘솟았다. 누구도 자신의 문제를 이렇게 구체적으로 이야기해 준 사람이 없었다. 그냥 하지 말라는 얘기만 들었을 뿐. 소이는 갑자기 은공 쌤이 위대해 보였다. 다른 아이들도 똑같은 생각을 하고 있었다. 자신들의 문제점과 그 이유를 마치 속마음을 들여다본 것처럼 분석해 주는 은공 쌤이 너무 대단하다는 생각이 들었다.

아이들의 눈빛은 10일 동안 자신을 바꿔 보겠다는 의지로 반짝반짝 빛났다. 그런데 정작 은공 쌤은, 조금 전에 그렇게 날카롭고 이성적으로 아이들의 문제점을 분석해 주던 은공 쌤은 주머니에서 고구마를 꺼내 우적우적 씹어 먹고 있었다. 아이들은 그런 은공 쌤을 어처구니없다는 표정으로 바라보았다. 대체 어떤 모습이 진짜 은공 쌤의 모습인지 알 길이 없었다.

3 저는 공부하려고 책만 보면 졸리고 스트레스 받아요.

공부도 습관(習慣)입니다. 습관이라는 말은 '오랫동안 되풀이하여 몸에 익은 채로 굳어진 개인적 행동'이라는 뜻입니다. 평소 매일 스마트폰으로 게임하고, 유튜브 영상을 보고, TV만 보다가 부모님이 공부를 하라고 강요해서 책을 펴면 당연히 졸리고 따분할 수밖에 없습니다. 온몸이 아프고 쑤시며, 갑자기 화장실도 가고 싶고 목도 마를 거예요. 그럴 때는 짧게 공부해 보세요. 내가 실천할 수 있을 정도로 짧게! 20분은 어떨까요? 20분 동안은 집중해서 책을 보겠다고 마음먹고 책상에 앉아 딴생각하지 않고 책을 보는 거예요. 그리고 20분이 지나면 본인을 칭찬해 줍니다. 처음에 너무 욕심을 내서 1시간 동안 책을 보겠다고 계획하지 마세요. 내가 지킬 수 있는 시간만큼 조금씩 공부하는 거예요. 일주일 동안 잘 실천하면 그다음에는 30분으로 시간을 조금 늘려 보세요. 공부하고 잠시 쉬는 시간에는 스마트폰이나 TV를 보지 말고 다른 활동을 하는 것도 공부 습관을 기르는 좋은 방법입니다. 부모님이나 친구와 함께 시간을 보내는 거죠. 산책하기, 자전거 타기 등 활동적인 일을 하면 몸과 마음이 건강해집니다. 이렇게 평소에 운동하는 습관을 가지면 쌓였던 스트레스가 풀리고, 좀 더 집중해서 공부할 수 있습니다.

4 공부를 잘하려면 무엇이 가장 중요한가요?

누구나 공부를 잘하고 싶어 합니다. 지금 본인이 공부를 잘하든 못하든 말이죠. 그렇다면 공부를 잘하기 위해 가장 중요한 한 가지는 무엇일까요? 바로 스스로 공부하려는 마음입니다. 즉 내가 스스로 공부해야겠다는 마음을 먹고 실제로 실천해야 한다는 뜻입니다. 너무 시시한가요? 그런데 이게 진리입니다.

공부는 부모님이나 친구가 대신 해 주는 것이 아니라, 내가 직접, 스스로 해야 합니다. 좋은 대학교를 나온 학원 선생님이나 똑똑한 부모님이라도 나 대신 시험을 봐 줄 수는 없습니다. 공부를 하는 것은 나 자신이고, 시험을 보는 것도 나입니다. 그러면 당연히 내 스스로가 공부해야겠다는 마음을 먹고, 시간을 활용해서 적극적이고 능동적으로 공부를 해야 합니다.

초등학생 때는 부모님이 학원에 가라고 하면 가고, 어떤 문제집을 풀라고 하면 풀어도 어느 정도 공부를 잘하게 됩니다. 하지만 그런 방법은 초등학교 때까지만 가능합니다. 초등학교 때는 공부 잘하고 부모님 말씀 잘 듣던 모범생이 중학교에 진학해서 성적이 안 좋아지는 이유가 여기에 있습니다. 부모님이 시키는 공부만 했기 때문입니다. 중학교, 고등학교 때는 '진짜 공부'가 시작되기 때문에 내가 스스로 공부해야 하며, 평소 '나는 왜 공부를 하는지, 어떤 삶을 살고 싶은지' 계속 생각해야 합니다. 그래야 다른 사람이 아닌 나의 꿈을 이루기 위해 스스로 공부의 필요성을 느끼고 꾸준하게 실천할 수 있습니다.

3장

나에게 맞는 공부 계획이 공부 습관을 만든다

이제 우린
한 팀이야!

고구마를 다 먹은 은공 쌤은 갑자기 벌떡 일어나 아이들에게 일어나라고 손짓을 했다. 아이들은 주춤거리며 자리에서 일어났다.

"자, 이제부터 우린 한 팀이야! 각자의 목표를 이루기 위해 서로에게 서로의 매니저가 되어 주는 거야. 소이야, 매니저가 뭐 하는 사람이지?"

갑작스럽게 질문 공격을 받은 소이가 엉겁결에 대답했다.

"스케줄을 관리해 주는 사람이죠."

"그렇지. 너희들도 그런 역할을 할 거야. 서로가 서로의 스케줄을 관리해 주고 서로를 도와주는 거지. 잠자는 친구가 있으면 깨워 주고, 딴 생각을 하는 친구가 있으면 정신 차리게 하고. 그렇게 같이 목표를 향해 가면 더 재밌어. 그렇지?"

한 번도 누구를 챙겨 준 적이 없는 아이들은 아무런 대답도 할 수 없었다. 그런데 아무리 생각해 봐도 그게 재미있을 것 같지는 않았다. 귀찮으면 귀찮았지.

"흠, 대답이 없네. 너희들도 같이 지내다 보면 쌤이 무슨 말을 하는지 알게 될 거야. 자, 우리 파이팅할까?"

아이들은 뭘 파이팅까지 하냐는 표정이었다. 하지만 은공 쌤은 아이들 반응에는 아랑곳하지 않고 당당하게 아이들 앞으로 손등을 내밀었다. 소이가 재밌어 하며 그 위에 자신의 손을 포갰다. 그 위에는 유나가, 그 위에는 찬서가, 그 위에는 선우가 마지못해 손을 올려놓았다.

"자, 쌤이 먼저 구호를 외칠 테니까 너희들이 따라 하면 돼."

은공 쌤이 흠흠 목청을 가다듬고는 크게 외쳤다.

"산골산골 학당학당, 우리는 한 팀이다, 파이팅!"

그렇지 않아도 큰 목소리를 더 크게 내니 고막이 터질 것 같았지만, 아이들 한두 명씩 구호를 외쳤다. 하나도 맞지 않았지만 '파이팅' 소리는 대충 맞았다. 은공 쌤은 아이들의 어깨를 두드리며 격려를 건넸다.

"오리엔테이션은 여기까지고, 남은 시간은 푹 쉬고 내일부터 우리는 혼공을 시작한다!"

"와, 정말 자유시간이에요?"

찬서가 날아오를 듯한 표정으로 물었다.

"물론! 10일 계획표만 내일 아침 8시까지 제출하면 된다!"

"우우~"

아이들은 그건 또 무슨 소리냐는 듯 야유를 던졌다.

"어려운 게 아냐, 얘들아. 아까 쌤이 너희들한테 영화 감상평을 말했잖아. 그걸 참고로 해서 너희들이 이곳에서 이룰 목표를 정하고 거기에 맞는 계획표를 만들면 돼. 각자 방에 가서 책상 서랍을 열면 계획표 양식이 있을 거야. 물론 아침 식사부터 점심, 저녁, 간식, 취침 시간은 동일하다. 빈 칸을 채워 넣기만 하면 돼. 어렵지 않지?"

아이들은 "네."라고 마지못해 대답했다.

"자, 그럼 모두 각자의 방으로 가서 짐을 정리하고 배고픈 사람은 밥을 먹고, 씻고 싶은 사람은 씻고, 자유시간을 갖도록! 그럼 내일 대청마루에서 보자!"

은공 쌤은 씩씩하게 안방문을 벌컥 열고 사라졌다. 아이들은 은공 쌤의 뒷모습을 바라보다가 단체로 "휴~." 하고 한숨을 내쉬었다.

"정말 좋은 선생님이 맞긴 한 거지?"

선우가 아이들을 향해 물었다. 긴가민가하는 표정이었다.

"난 그래 보여. 좀 이상하기는 하지만 재밌으시잖아. 근데 대체 생고구마는 왜 드시는 거지?"

찬서가 궁금한 표정으로 말했다. 아이들은 모두 어깨를 으쓱했다. 그 이유를 아는 사람이 여기 있을 리가 없었다.

"근데 얘들아, 지금 고구마가 문제가 아니라, 우리 첫 숙제가 문제야. 너희들 무슨 목표를 세울 거야?"

선우가 아이들을 둘러보며 물었다.

"음, 좀 생각해 봐야 할 것 같아."

유나가 말했다.

"어쨌든 시간은 많으니까 우선은 좀 쉬자. 너무 피곤해."

찬서가 먼저 안방을 나섰다. 아이들도 찬서를 따라 각자의 방으로 갔다. 안방에 혼자 남은 선우는 생각했다.

'10일 동안의 미션이라니, 그게 과연 가능할까?'

10일 계획표의 실체가 드러나다

  아침 8시, 산골학당에서의 둘째 날이 밝았다. 가까스로 잠에서 깬 아이들은 눈도 제대로 못 뜨고 대청마루에 앉아 연신 하품만 하고 있었다. 방학 때는 아침 10시, 11시에 일어나곤 했던 아이들에게 아침 8시는 너무 이른 시간이었다. 하지만 잠을 더 자고 싶어도 은공 쌤이 두드리는 종소리 때문에 시끄러워서 더 이상 잘 수도 없었다.

  "아침이 밝았다, 해가 떴다, 새가 지저귄다, 일어나자, 일어나!"

  은공 쌤은 노래도 아닌, 판소리도 아닌 이상한 리듬에 맞춰 구호를 외치며 아이들을 깨웠다. 아이들은 이불을 머리 위까지 덮어쓰기도 하고 베개로 귀를 막아 보기도 했지만 소용이 없었

다. 대청마루에 나와 보니 앉은뱅이책상이 다섯 개 놓여 있었다. 아이들이 멀뚱멀뚱 서 있자 은공 쌤이 먼저 책상 앞에 앉았고, 아이들도 차례차례 자리에 앉았다.

"오늘부터 우리는 10일 미션을 시작한다! 어제 쌤이 내준 첫

번째 숙제를 제출하도록!"

아이들은 한 명씩 자기 방으로 들어가 10일 계획표를 들고 나왔다.

"자, 유나부터 볼까?"

시간	유나의 10일 계획표
8시	운동, 씻기
9시	아침 식사
10시	영어 단어 5개
11시	낮잠
12시	점심 식사
1시	4학년 1학기 수학(1단원)
2시	낮잠
3시	간식 냠냠
4시	운동이나 놀기(핸드폰)
5시	낮에 공부했던 4학년 수학 관련 문제 풀기(10문제)
6시	저녁 식사
7시	아침에 외웠던 영어 단어 5개 복습
8시	핸드폰 보기
9시	공부일기 및 하루 평가 및 쌤과의 상담
10시	씻기, 취침

"저는 잠을 줄이는 걸 목표로 세웠어요. 제가 집에서는 낮잠을 4시간 이상 잤거든요. 갑자기 낮잠을 한숨도 자지 않는 건 자신이 없어서 우선 2시간으로 줄였어요. 이걸 이곳에서 반드시 성공한 다음에 집에 가서는 조금씩 더 줄여 보려고 해요. 그리고 저는 집중력이 떨어져서 공부를 길게 이어서는 못하거든요. 그래서 1시간씩 쪼개서 공부를 하는 게 좋겠다고 생각했어요. 그리고 수학 기초가 너무 없으니까 4학년 교과서를 다시 공부하려고 해요. 처음에는 쪽팔렸, 아니, 죄송합니다. 창피했는데 기초가 중요하니까 그렇게 하는 게 좋을 것 같았어요. 쌤 말씀처럼 공부하는 데 쪽팔, 아, 죄송합니다. 부끄러움은 필요 없다고 생각해

요. 혹시 제가 졸고 있거나 딴 생각을 하고 있는 것 같으면 저를 막 깨워 주세요. 때리지만 말고요. 그럼, 잘 부탁합니다!"

유나의 발표가 끝나자 아이들이 박수를 보냈다.

"때리는 건 안 되고 꼬집는 건 되냐?"

찬서가 장난스럽게 물었다.

"안 웃겨, 그만해."

유나가 찬서는 쳐다보지도 않고 무표정하게 말했다. 유나의 반응에 아이들이 크게 웃었다.

"찬서가 다음 순서로 발표하고 싶어서 그러는 것 같은데, 찬서 발표해 볼까?"

시간	찬서의 10일 계획표
8시	씻기
9시	아침 식사
10시	핸드폰(게임)
11시	운동
12시	점심 식사
1시 2시	수학 공부(5학년 2학기 예습) 그리고 수학 문제 풀기(1페이지)
3시	간식 냠냠
4시	핸드폰(유튜브)
5시	한국사 관련 책 보기(10일 동안 1권 다 읽을 것)
6시	저녁 식사
7시	핸드폰(게임)
8시	학습지(하루 분량 반드시 지킬 것)
9시	공부일기 및 하루 평가 및 쌤과의 상담
10시	씻기, 취침

"저는 다들 아시다시피 핸폰을 정말 많이 봐요. 그래서 저의 목표는 핸폰을 하루에 딱 3시간만 보는 거예요. 다른 사람들한테는 많은 시간인지 모르겠지만, 저는 정말정말 많이 줄였어요. 저한텐 너무 힘든 일이지만 한번 해 보려고요. 핸폰 보고 싶을 때마다 밖에 나가서 놀거나 운동을 하려고 해요. 제가 좋아하는 역사책을 읽거나요. 제가 게임을 하면서 역사에 관심이 생겼거든요. 그래서 한국사부터 공부해 볼까 해요. 사실 우리 아빠가 담배 끊으실 때 봤는데요. 진짜 막 짜증을 엄청 내고, 막 화를 내고, 과자를 엄청 드시더라고요. 어쩌면 저도 그럴 수 있으니까 이해해 주세요."

"와~, 김찬서 대박이다. 너 진짜 하루에 3시간만 핸폰 볼 수 있어? 가능하냐?"

선우가 찬서를 놀렸다. 찬서는 눈을 부라리며 선우를 쳐다보았다.

"너, 내가 진짜루 하면 어쩔래."

"어쩌긴 뭘 어째. 그럼 너한테 좋은 거지."

아이들이 킥킥킥 웃었다

"그러네."

찬서가 머쓱해했다.

"선우 말이 정답이야. 이 계획은 누구를 위해서가 아니라 자신을 위해서 하는 거야. 그러니까 누구한테 보여 주기 위한 계획표를 짜면 안 돼. 내가 정말 지킬 수 있는 솔직한 계획표를 짜는 게 핵심이야. 지키지 못할 계획표는 짜는 게 아니다. 자, 한번 따라 해 볼까?"

"또 따라 해요? 쌤은 구호 외치는 걸 왜 그렇게 좋아하세요?"

찬서가 투덜거렸지만, 은공 쌤은 들은 척도 하지 않았다.

"자, 쌤이 먼저 외칠 테니 너희들이 바로 따라 해라. 지키지 못할 계획표는 짜는 게 아니다!"

은공 쌤은 주먹 쥔 손을 흔들면서 고래고래 소리를 질렀다. 아이들은 은공 쌤의 기세에 눌려 어쩔 수 없이 구호를 따라 했다.

"지키지 못할 계획표는 짜는 게 아니다!"

은공 쌤은 흐뭇한 표정을 지으며 만족스럽다는 듯 고개를 끄덕였다.

"자, 다음은 선우?"

시간	선우의 10일 계획표
8시	운동하고 씻기
9시	아침 식사
10시	그림 그리기
11시	
12시	점심 식사
1시	수학 공부(5학년 1학기 복습 1시간, 2학기 예습 1시간)
2시	
3시	간식 냠냠

4시	운동
5시	핸드폰
6시	저녁 식사
7시	학원 숙제와 영어 예습
8시	
9시	공부일기 및 하루 평가 및 쌤과의 상담
10시	씻기, 취침

"저는 무턱대고 책상 앞에 오래 앉아 있는 걸 고치기로 했어요. 어차피 그렇게 오래 앉아 있어도 공부는 안 하니까요. 그래서 집중이 안 되는 시간에는 제가 하고 싶은 걸 하려고요. 저는 그림 그리는 걸 좋아해요. 그래서 제가 좋아하는 걸 해 보려고 해요. 그러니까 저의 목표는 10일 동안 만화 스토리를 하나 완성하는 거예요. 제가 좋아하는 일을 하면서 규칙적인 생활을 하다 보면 집중력이 좋아질 것 같아요. 자신감을 갖고 예전의 저로 돌아가는 시간이 됐으면 좋겠어요."

아이들이 선우를 격려하는 의미에서 크게 박수를 보냈다.

"너희들은 하나를 가르치면 열을 아는구나. 그렇지. 선우 말대로 공부하는 데 가장 좋은 에너지는 목표 의식이야. 난 어떻게 살고 싶고, 무엇이 되고 싶은지 목표가 정해지면 공부는 그것을 이루기 위한 수단이 될 수 있지. 그래서 선우는 자기가 되고 싶은 것이 무엇인가를 찾은 거고. 아주 훌륭해."

은공 쌤이 선우를 향해 박수를 쳤다. 박수 소리가 귀청을 때릴 만큼 컸다. 선우는 은공 쌤의 칭찬에 기분이 좋아졌다. 얼마 만에 받아 본 칭찬인지 모른다.

"자, 다음은 오늘의 마지막 순서, 소이!"

시간	소이의 10일 계획표
8시	씻기 그리고 방청소
9시	아침 식사
10시	영어 문법 공부: 하루에 1페이지
11시	수학 공부(5학년 1학기 교과서 복습)
12시	점심 식사
1시	핸드폰(오빠들 보기)
2시	
3시	간식 냠냠
4시	운동
5시	학습지
6시	저녁 식사
7시	영어 동화 읽기('라푼젤' 읽고 한국말로 번역하기)
8시	
9시	공부일기 및 하루 평가 및 쌤과의 상담
10시	씻기, 취침

"저는 우리 빅스타 오빠들을 너무 좋아해요. 그치만 오빠들만 보고 있으면 오빠들이 좋아하지 않을 것 같아요. 그래서 저도 빅스타 오빠들처럼 자기 분야에서 반짝반짝 빛나는 사람이 되기로 했어요. 제가 빅스타 오빠 중에 샤인 오빠랑 결혼하는 게 꿈이거든요."

"어우, 뭐야. 징그러."

찬서가 야유를 보냈고 선우와 유나는 킥킥 웃었다. 하지만 소이는 아이들의 반응에 개의치 않았다.

"그러기 위해서는 저도 똑똑한 사람이 돼야 할 것 같아요. 그래서 저는 오빠들 보는 시간을 확 줄였어요. 오빠들도 이해해 주겠죠. 그리고 오빠들 보는 시간에 제 미래를 위해서 영어 공부를 하기로 했어요. 제가 다른 과목은 다 싫어해도 영어는 좋아하거든요. 잘하기도 하고요. 지금도 영어 학원 다니는데 쌤한테 칭찬을 자주 받아요. 그래서 저는 영어를 더 잘하고 싶어요. 빅스타 오빠들이 영어를 못하니까 제가 오빠들이 해외 진출할 때 통역사가 돼서 도움을 주고 싶어요! 오빠들, 기다려!"

아이들이 깔깔 웃으며 박수를 쳤다. 은공 쌤도 너털웃음을 터뜨렸다.

"소이는 참 현명하구나. 빅스타는 포기 못해, 대신 내가 할 일을 잘 할 거야. 이런 생각이잖아. 아주 훌륭해. 자기가 좋아하는 걸 억지로 안 하려고 할 필요는 없어. 소이처럼 자기 할 일과 균형을 이루면 돼. 오늘 발표를 들으니 너희들은 이미 계획의 반을 이룬 것이나 마찬가지야. 나머지 반은 실천에 달렸다. 훌륭한 계획을 짠 너희들에게 박수를 보낸다."

은공 쌤이 아이들을 향해 박수를 쳤다.

"근데 쌤, 계획표에 있는 '공부일기 및 하루 평가'는 뭐예요?"

소이가 물었다.

"아, 좋은 질문이다. 그건 너희들이 하루 계획을 얼마나 잘 지켰는지에 대한 평가표야. 너희 스스로 어떤 계획은 어떻게 지켰고, 무엇이 부족했고, 얼마나 잘해냈는지 등을 스스로 평가하는 거지. 자, 이 표를 하나씩 가져가자."

	나의 목표	평가	점수(10점 만점)
1일			
2일			
3일			
4일			
5일			
6일			
7일			
8일			
9일			
10일			

아이들은 은공 쌤이 나누어 준 표를 유심히 들여다보았다.

"여기에 너희들의 가장 중요한 목표를 적고 그것을 잘 실천했는지, 실패했다면 이유가 뭔지, 그러면 다음 날은 무엇을 고쳐야 하는지 등을 상세히 적는 거다. 이 표는 자기 전에 항상 쌤에게 검사를 맡아야 해. 쌤이 이 평가표에서 부족하다고 생각하는 점은 만족스러울 때까지 고치게 할 테니까 처음부터 꼼꼼하게 작성하도록!"

"공부일기는 뭐예요?"

찬서가 물었다.

"나눠 준 표는 하루 중 가장 중요한 목표에 대해 평가를 하는 거고, 공부일기는 너희 계획표에 있는 공부 전체를 말하는 거야. 그날 공부한 내용을 생각나는 대로 다시 써 보는 거지. 처음에는 아무것도 생각나지 않을 수도 있어. 그럴 때는 다시 책을 봐도 좋아. 어쨌든 그날 했던 공부 내용을 떠올려서 기록하는 게 공부일기란다. 어때, 할 수 있지?"

아이들은 "네." 하고 대답을 하긴 했지만 어쩐지 부담스러운 표정이었다. 목소리로 보니 소리만 했다. 이렇게 계획을 꼼꼼하게 세우고 그 결과에 대한 평가를 직접 해 본 적은 한 번도 없었다. 그냥 엄마나 쌤들이 시키는 대로 공부하고 숙제하고 하루를 마무리하기 바빴다. 스스로 계획을 세우고 그것을 지켜 평가하는 일에 익숙하지 않은 아이들은 이게 정말 효과가 있는지, 잘 지킬 수 있을지 걱정스럽기만 했다.

"표정들을 보아 하니 '이렇게까지 해야 하나.' 하는 생각이 드나 본데, 이렇게까지 해야 한다!"

"헐, 대박! 제 맘을 어떻게 아셨지?"

찬서가 쌤을 신기한 듯 바라보았다.

"너희 표정을 보여 주고 싶다. 거의 하늘이 무너졌는데? 얘들아, 너무 걱정할 필요 없어. 10일 동안은 무슨 일이 있어도 내가 세운 이 계획을 지킨다는 각오만 있으면 돼. 너희들은 무리한 계획을 짠 게 아니잖아. 너희들에게는 이 계획을 이룰 만한 힘이 있어. 그러니까 자신을 믿고 끝까지 해 보자."

"넵!"

아이들이 목소리를 모아 힘껏 외쳤다.

"한 가지 더 좋은 소식! 목표를 이룬 친구들에게는 큰 선물이 있다!"

아이들의 눈이 전보다 더 반짝반짝 빛났다.

"너희들이 원하는 딱 한 가지 소원을 부모님들께서 들어주신다는구나."

"우와!!!!!"

아이들이 박수를 치며 환호성을 질렀다.

"정말이죠, 쌤?"

소이가 눈물까지 글썽이며 되물었다.

"쌤은 거짓말 안 해!"

"우와~, 최고 최고!!"

아이들은 서로를 보며 뛸 듯이 기뻐했다.

"녀석들, 그렇게 좋냐?"

은공 쌤이 주머니에서 고구마를 꺼내 씹으며 아이들을 향해 흐뭇한 미소를 보냈다.

"근데 쌤, 저 질문 있어요!"

소이가 이때다 싶어 손을 번쩍 들고 말했다.

"첫사랑 얘기만 아니면 무엇이든 말해 줄 수 있다."

"그 고구마는 왜 그렇게 드시는 거예요?"

"아, 이 고구마? 쌤 지금 다이어트 중이거든."

너무 뜻밖의 대답이라 아이들 모두 눈을 동그랗게 떴다.

"건강검진 하러 병원에 갔더니 의사 쌤이 몸무게를 줄이지 않으면 1년 이내에 농사를 지을 수 없을 만큼 건강이 나빠진다고 겁을 주더구나. 공부할 때 엄청난 스트레스를 받았는데 그때마다 먹는 걸로 풀었거든. 그러다 보니 어느새 이렇게 눈사람이 됐지. 농사꾼이 농사를 안 짓는다는 건 형벌이나 마찬가지라 어쩔 수 없이 다이어트를 하고 있다."

"우와, 그럼 밥 대신 고구마를 드시는 거예요?"

"그건 아니지."

"에이~, 그게 무슨 다이어트예요?"

아이들이 말도 안 된다며 아우성을 쳤다.

"밥은 꼬박꼬박 잘 챙겨 먹어야 해. 그게 좋은 다이어트야. 대신 몸에 안 좋은 간식이랑 야식을 끊어야지. 초콜릿, 과자, 사탕, 치킨 이런 걸 끊는 대신 고구마를 먹는 거야."

"그럼 쌤도 우리랑 같이해요."

선우가 불쑥 말했다.

"뭐?"

"쌤도 10일 다이어트 계획표 짜서 저희랑 같이 실천해요."

"우와, 대박 좋은 아이디어다!"

찬서가 큰 목소리로 동의했다. 다른 아이들도 박수를 치며 동조했다.

"끄응~."

은공 쌤이 난감한 표정을 지었다. 다이어트한다는 말을 괜히 했나, 살짝 후회스러웠다.

"왜요? 하기 싫으세요? 저희한테는 이렇게 시켜 놓으시곤?"

소이가 삐친 듯 살짝 눈을 흘기며 은공 쌤에게 말했다.

"맞아요! 쌤도 같이해야 저희도 잘할 수 있을 것 같아요!"

유나도 은공 쌤을 졸랐다. 은공 쌤은 난처한 상황 앞에서 잠시 머뭇거렸다. 그러고는 고구마를 다 먹었을 때 즈음 아이들을 향해 결심한 듯 말했다.

"좋다! 해 보자! 너희들이랑 같이하면 쌤도 다이어트에 성공할 수 있을 것 같다."

"우와, 신난다!"

아이들이 은공 쌤 주위로 모여들며 환호했다.

"쌤, 10일 동안 몇 킬로그램 빼실 거예요?"

"그, 글쎄…. 3킬로그램?"

"에이, 더 빼 보세요."

찬서의 말에 은공 쌤이 정색을 했다.

"지키지 못할 계획표는 짜는 게 아니다! 잊었어?"

"앗, 넵!"

찬서가 재빨리 대답했다. 아이들이 키득키득 웃었다.

"쌤도 저희한테 10일 계획표 제출하세요!"

유나가 장난스럽게 말했다. 아이들이 "맞아, 맞아." 하며 은공 쌤을 졸랐다.

"조용 조용! 알았다, 알았어. 쌤이 내일까지 10일 계획표를 짜서 보여 주지. 까짓것 그게 뭐 어려운 일이라고. 좋다, 우리 같이 해 보자!"

"와아, 쌤 최고!"

아이들이 은공 쌤의 손을 잡고 폴짝폴짝 뛰었다. 은공 쌤도 아이들과 같이 뛰며 즐거워했다. 은공 쌤이 뛰니 대청마루가 삐걱거리며 난리가 났다. 그리고 다음 날, 은공 쌤은 정말 10일 계획표를 짜서 아이들에게 한 부씩 나눠 주었다.

시간	은공 쌤의 10일 다이어트 계획표
8시	아침 운동(뒷산 등산)
9시	아침 식사(샐러드와 통밀빵)
10시	밭일
11시	
12시	점심 식사(현미밥과 반찬 골고루. 밥은 한 공기 이상 먹지 않는다)
1시	밭일
2시	
3시	간식(생고구마 또는 생당근 또는 생오이)
4시	한문 공부
5시	
6시	저녁 식사(현미밥과 반찬 골고루. 밥은 한 공기 이상 먹지 않는다)
7시	가벼운 운동
8시	독서(절대 야식은 먹지 않는다)
9시	
10시	
11시	씻기, 취침

규칙적인
생활은 어려워

　아이들의 단체 공부방은 대청마루였다. 은공 쌤은 시원한 공기를 마시며 다 같이 모여서 공부하는 게 좋겠다고 말했다. 서로가 공부하는 모습을 보면 자극이 되고 도움도 된다는 것이었다. 아이들은 넓은 대청마루에서 마음에 드는 자리를 골라 앉았다.

　산골학당은 외떨어진 곳에 있어서 정말 조용했다. 자동차 소리 대신 새소리가 들렸고, 매연 냄새 대신 나무 냄새가 났다. 에어컨 대신 시원한 산바람이 땀을 식혀 주었다. 신풍기 두 대가 돌아가고 있었지만 필요 없을 만큼 시원했다.

　아이들은 각자의 자리에서 계획표대로 움직이기 시작했다. 계획이 다 달랐기 때문에 네 명이 모두 모여 공부하는 시간은 많지 않았다. 같이 모이는 시간은 1시간 정도가 전부였지만 아이들은 만날 때마다 서로의 공부와 계획에 대해 질문하고 의논하기도 했다. 어떤 날은 같이 공부할 시간을 만들기도 했다.

첫날은 모든 것이 너무나 순조로워서 은공 쌤이 아이들의 계획을 점검할 필요가 없을 정도였다. 아이들은 마치 잘 만들어진 로봇처럼 계획표대로 움직였다.

"오늘 공부 진짜 잘됐어. 공기가 좋아서 그런가? 막 머리에 쏙쏙 들어오는 거야."

찬서가 어깨를 쫙 펴며 선우에게 말했다.

"작심삼일이 되지 않기를 바란다."

선우가 얄밉게 말했다.

"너는 왜 초를 치냐? 내가 끝까지 잘할 수도 있잖아."

찬서가 얼굴을 잔뜩 찡그리며 투덜거렸다.

"그러기를 진심으로 바란다고. 입방정 떨지 말고."

선우가 마치 큰 형님이라도 되는 듯 의젓하게 말했다.

"어휴, 얄미워. 너는 얄밉게 말하는 버릇을 고쳐야 돼."

"너는 속엣말을 거르지 않고 뱉는 버릇을 고치고."

"어휴, 진짜!"

찬서가 얄미워 죽겠다는 듯 선우의 머리를 콩 때리려다가 말았다. 벌점이 무서웠기 때문이다.

"끝까지 잘 지키면 그땐 너 인정!"

선우는 이렇게 말하고 운동을 하러 대문 밖으로 휭 나가 버렸다.

선우의 말이 씨가 된 걸까? 둘째 날부터 아이들은 몸을 배배 꼬기 시작했다. 유나와 찬서, 선우가 함께 모여 대청마루에서 공부할 때였다. 수학 공부를 하는 줄 알았던 유나가 어느 순간부터 꾸벅꾸벅 졸기 시작했다. 선우는 유나가 졸고 있는 걸 알고 있었지만, 조금 더 지켜보다가 조용히 깨울 생각이었다. 하지만 그렇게 하기 전에 이미 찬서가 졸고 있는 유나를 발견하고 말았다. 일이 커진 것이다.

"아하하하, 박유나 또 졸고 있네. 야, 박유나! 일어나!"

찬서가 집 안이 떠내려가라 소리를 벅벅 질렀다. 유나가 깜짝 놀라 고개를 번쩍 들고 주위를 두리번거렸다.

"여기가 어디야?"

"어디긴 어디냐, 산골학당이지. 너 꿈꿨냐? 킥킥킥."

그렇지 않아도 심심했던 찬서는 유나를 놀리려고 시동을 걸기 시작했다.

"정신 차려, 박유나. 너 그렇게 졸다간 마당으로 굴러 떨어질 것 같은데?"

찬서가 낄낄거리며 유나를 놀렸다.

"그만해."

유나가 낮은 목소리로 경고하듯 말했다. 하지만 찬서에게 유나의 기분은 고려할 대상이 아니었다. 놀릴거리를 잡았으니 놓칠 수 없었다.

"와, 이 마루에서 떨어지면 볼 만하겠다, 크크크. 그 순간을 놓치지 않을 거야. 꼭 찍어야지."

"그만하라고!"

유나가 갑자기 빽 하고 소리를 질렀다. 선우는 그런 일이 일어날 거라고 이미 예상하고 있었다. 아까부터 유나 얼굴이 벌겋게 달아올라 있었는데 찬서만 그걸 눈치 채지 못했던 것이다.

"졸지 말라고 깨워 주는데 왜 화를 내냐? 쌤이 서로서로 도와가면서 공부하라고 했잖아."

찬서는 놀리는 걸 그만둘 생각이 없는 모양이었다.

"그게 도와주는 거야? 놀리는 거지! 나도 알아! 내가 한심하다는 거 아니까 그만하라고!"

유나가 버럭 소리를 지르고는 자기 방으로 들어가 버렸다. 그리고 잠시 뒤 "으앙~." 하면서 커다랗게 우는 소리가 들렸다.

"잘한다, 잘해. 너 어쩔 거냐?"

선우가 찬서를 보며 혀를 찼다. 뜻밖의 상황에 어리둥절해진 찬서가 주눅이 들어 대답했다.

"내가 뭘. 난 그냥 졸지 말라고 말해 준 건데, 그게 울 일이냐? 오바다, 오바."

"유나가 하지 말라고 했는데도 계속 놀렸잖아. 그만하라면 그만해야지. 창피해서 얼굴도 빨개졌던데."

"너까지 이러기야? 넌 남자니까 내 편을 들어야지."

찬서가 발끈하며 소리쳤다.

"어휴, 여기서 남자 여자가 왜 나오냐?"

"여자애들이 어이없이 구니까 너라도 내 편이 돼 줘야지."

선우는 머리를 절레절레 흔들었다. 억지를 피우는 찬서가 도무지 마음에 들지 않았다. 유나는 그칠 줄 모르고 계속 울었다. 잠시 뒤, 울음이 멎는가 싶더니 유나가 통화하는 소리가 들렸다.

"아빠, 나 집에 갈래!"

집에 전화를 걸다니! 유나도 참 대책 없는 아이다. 유나의 목소리를 들은 찬서가 깜짝 놀라 당황하기 시작했다.

"넌 이제 큰일 났다."

선우가 약간은 고소한 마음이 들어 찬서에게 겁을 줬다. 찬서는 어깨를 잔뜩 움츠리고는 귀를 쫑긋 세우고 유나의 통화 내용을 엿들었다.

"싫어. 나랑 안 맞아. 여기 있는 애가 자꾸 놀린단 말야. 으아앙~."

유나의 울음보가 다시 터지자 겁을 먹은 찬서가 대문 밖으로 냅다 줄행랑을 쳤다.

"야, 너 어디가! 길도 모르면서! 그러다 너 길 잃어 버린다!"

선우가 고래고래 소리를 질렀지만 찬서는 돌아오지 않았다. 선우는 자기도 모르게 웃음이 터졌다. 겁도 많으면서 왜 그렇게 애들 놀려 먹는 걸 좋아하는지 찬서의 심리를 알 수가 없었다.

잠시 뒤, 마치 이 소란을 지켜보고 있었다는 듯 은공 쌤이 모자를 벗으며 마당으로 들어섰다. 대청마루에 선우 혼자 앉아 있는 걸 본 은공 쌤이 물었다.

"유나랑 찬서는?"

"아, 그게…."

선우가 얼버무리자 은공 쌤이 선우 가까이로 다가왔다.

"벌써 땡땡이야?"

그 말끝에 빨리 자기를 데리러 오라는 유나의 울음 섞인 목소리가 또다시 들려왔다.

"무슨 일이지?"

상황이 심상치 않다는 것을 느낀 은공 쌤이 선우를 바라보며 물었다. 근엄한 은공 쌤의 눈빛을 보니 상황을 숨길 수가 없었다. 선우는 어쩔 수 없이 전후사정을 털어놓았다. 이야기를 다 들은 은공 쌤이 무뚝뚝한 얼굴로 물었다.

"찬서 이 녀석은 어딜 갔고?"

"모르겠어요. 그냥 대문 밖으로 도망쳤어요."

은공 쌤은 헛기침을 한 번 한 뒤 유나의 방으로 들어갔다. 은공 쌤과 유나 아빠와의 통화 소리가 들리는가 싶더니 잠시 뒤 은공 쌤이 방에서 나와 대문 밖으로 사라졌다. 10분쯤 지났으려나? 찬서가 겁에 잔뜩 질린 얼굴로 은공 쌤에게 손목이 잡혀 마당 안으로 들어섰다.

"유나, 찬서, 선우, 셋 다 여기 앉아!"

항상 장난스럽게 말하는 은공 쌤이 책상다리를 하고 꼿꼿하게 앉아 근엄한 말투로 말했다. 은공 쌤의 뜻밖의 태도에 아이들 모두 잔뜩 기가 죽었다. 아이들이 자리에 앉자 은공 쌤이 천천히 입을 열었다.

"계획에는 늘 뜻밖의 일이 생기지. 예상하지 못했던 일이 생겨서 내 계획을 망쳐 놓거나 방해해. 그건 어쩔 수 없어. 근데 그런 일이 일어났을 때 무조건 다른 사람한테 의지하거나 거기서 도망치는 건 아주 안 좋은 태도야. 물론 어른들한테 도움을 청할 위급한 일이 있지. 하지만 지금은 아니잖아. 이런 일로 부모님한테 쪼르르 전화를 걸고, 상대한테 먼저 사과를 해야 하는데 도망치고, 이런 태도는 올바르지 않아. 너희는 다섯 살이 아니라 열두 살이다."

 아이들은 고개를 푹 숙였다. 집에서 하던 버릇이 여기서는 전혀 통하지 않았다.
 "찬서는 벌점 3점, 유나는 벌점 1점이야."
 찬서는 한숨도 내쉴 수가 없었다. 자신의 잘못을 너무 잘 알고 있었기 때문이다.

"그리고 찬서는 뭘 해야 할지 알고 있지?"

"네…."

찬서는 잠시 머뭇거리더니 유나를 보며 말했다.

"미안해. 니 기분은 생각하지도 않고 내가 심했어."

유나는 분이 풀리지 않았는지 찬서를 쳐다보지도 않았다.

"다른 사람의 생활 습관, 더구나 고쳐 보려고 노력 중인 습관을 가지고 놀리는 건 정말 나쁜 태도야. 알지?"

은공 쌤의 말에 찬서가 고개를 끄덕였다.

"유나도 무조건 부모님한테 이르고 조르지 말고, 스스로 문제를 해결해 보려고 노력해 봐."

"네…."

유나가 작은 목소리로 대답했다.

"소동이 있었지만, 어쨌든 무슨 일이 있어도 계획은 그대로 지켜야 한다. 만약 이 일 때문에 공부 분량을 시간 내에 하지 못했다면 잠을 줄여서라도 하고 잔다. 알겠지?"

"네…."

은공 쌤은 아이들의 머리를 쓱쓱 쓰다듬은 뒤 호미를 챙겨 다시 밭으로 나갔다. 습관을 고치는 것도, 계획을 지키는 것도 아이들에겐 어렵기만 했다.

5 공부도 습관이라고요?

맞아요. 공부도 습관입니다. 공부 습관을 키우기 위해서는 딱 세 가지 순서만 기억하면 됩니다. 바로 계획-실천-반성. 아주 간단하죠? 공부를 하기 전에는 먼저 '계획'을 세워야 합니다. 건축가들이 집을 짓기 전에 무엇을 먼저 할까요? 집을 어떻게 만들지 설계도를 그립니다. 공부도 마찬가지입니다. 공부를 시작하기 전에 내가 오늘 무엇을 공부할지 계획을 세웁니다. 예를 들어, 토요일에 하루 계획을 세워 본다고 할까요? 아침에 일어나면 가장 먼저 책상에 앉습니다. 그러고 나서 계획 공책이나 포스트잇에 하루 계획을 세우는 거죠. 그걸 책상에 붙여 놓아도 좋습니다.

8시 일어남, 9시까지 씻고 아침 먹기, 10시까지 책 읽기, 11시까지 휴식, 12시까지 영어 단어 공부, 오후 1시까지 점심 먹기, 오후 2시까지 동생과 놀기, 오후 3시까지 수학 문제집 풀기, 오후 4시까지 휴식. 이런 식으로 말이에요.

계획표 안에는 쉬는 시간과 밥 먹는 시간, 학원 가는 것도 모두 포함되어야 합니다. 이렇게 계획을 세웠으면 그 계획대로 하나씩 실천합니다. 그래서 내가 세운 계획표는 항상 잘 보이는 곳에 붙여 두어야 해요. 물론 중간중간 계획을 잘 지키지 못할 때도 있을 거예요. 그럴 때는 계획표에 표시를 하고, 그 이유를 간단히 씁니다.

그리고 밤이 되어 드디어 잠자기 전. 내가 오늘 아침에 세운 계획을 다시 보면서 어떤 것을 실천했는지, 무엇을 실천하지 못했는지 반성합니다. 오후에 친구한테 연락이 와서 놀았을 수도 있고, 동생과 싸우느라 계획을 못 지켰을 수도 있습니다. 계획을 세우고 그대로 실천하는 게 쉽지는 않을 거예요. 만약 매번 100퍼센트 정확하게 계획을 지킨다면 사람이 아니라 로봇이겠죠.

설령 계획을 못 지킨다 해도 중요한 건 스스로 계획을 세우고, 실천하며, 반성하는 습관을 가져야 한다는 점입니다. 이것이 습관으로 자리 잡기 위해서는 오랜 시간이 걸립니다. 학교 다닐 때는 바빠서 규칙적으로 계획을 지키기 어렵다면, 주말이나 방학 기간 동안이라도 '계획-실천-반성'의 생활 습관을 갖도록 노력해야 합니다.

선생님의 말을 믿고, 꾸준하게 실천하는 어린이가 있다면 그 친구는 중학교, 고등학교에 가서 엄청 똑똑하고 멋진 사람이 될 거예요. 그건 확실하게 장담할 수 있습니다!

6 공부일기가 무엇인가요?

말 그대로 내가 하루 동안 무엇을, 얼마나 공부했는지 그 내용을 쓰는 것입니다. 잠자기 전 나의 공부일기장을 꺼내 놓고 내가 오늘 공부한 내용을 마음껏 쓰는 거죠. 그러니까 평소 우리가 알고 있는 일기와는 성격이 다릅니다. 우리가 평소 쓰는 일기는 하루 일과 중 중요한 일을 떠올리며 있었던 일과 그때의 생각이나 느낌 등을 주로 쓴다면, 공부일기는 내가 하루 동안 무슨 공부를 했는지 쓰는 것이지요.

이렇게 공부일기를 쓰면 무엇이 좋을까요? 여러분은 평소 공부를 할 때 대부분 교과서를 보거나 문제집을 풀고, 인터넷 강의를 봅니다. 그것을 볼 때는 이해가 가고 다 아는 것 같습니다. 하지만 그건 본인이 100퍼센트 아는 것이 아니라 선생님 설명을 듣고 그 순간 이해했다는 뜻일 뿐입니다. 배운 내용을 내 손으로 백지에 쓰지 못하면 정확하게 아는 것이 아닙니다.

막상 책을 덮고 백지 위에 오늘 공부한 내용을 쓰려고 하면 제목밖에 못 쓰는 친구들이 대부분일 것입니다. 만약 그날의 공부 내용이 잘 생각나지 않는다면, 다시 책을 꺼내서 찾아봐도 됩니다. 공부일기는 누구에게 보여 주기 위해서가 아니라 내가 공부한 것을 오랫동안 기억하기 위해서 쓰는 것이니까요.

물론 매일매일 공부일기를 쓰는 건 어렵습니다. 아마 처음 공부일기를 쓰는 친구들은 오늘 공부한 내용을 아무것도 기록하지 못할 수 있습니다. 또는 어떤 과목을 공부했는지만 기억날 수도 있어요. 하지만 괜찮습니다. 처음에는 쉽지 않겠지만 초등학교 때부터 공부일기를 쓰는 습관이 생긴 학생과 그렇지 않은 학생은 나중에 커다란 차이가 납니다.

오늘부터 공부일기에 도전해 보세요! 마음먹으면 누구든 할 수 있습니다.

4장

목표가 있어야 공부를 잘한다

'작심삼일'이라는 말을 만든 사람은 천재

이틀째까지는 그럭저럭 지켜지던 계획이 정말 거짓말처럼 사흘째가 되자 슬슬 흐트러지기 시작했다. 유나는 공부 시간에 졸지 않으려고 최선을 다했지만 눈이 감겨서 책상에 머리를 부딪치는 일이 종종 일어났고, 그러다 보니 공부 분량을 채우지 못할 때가 많았다.

그건 찬서도 마찬가지였다. 찬서는 핸드폰을 계획대로 3시간만 보고 있었지만, 공부할 때 제대로 집중을 못했다. 그러다 보니 하루 분량을 채우지 못할 때가 많고, 공부일기와 하루 평가표를 들고 은공 쌤에게 가면 채우지 못한 분량을 쌤 앞에서 마저 해야 했다. 그러니 가장 오랜 시간 동안 안방에 머물러 있어야 했다.

"어떤 날은 잘된다고 5시간 공부하고, 어떤 날은 집중이 안 된다고 2시간을 공부하면 아무리 이틀 공부 분량을 다 채웠어도 의미가 없다. 규칙적으로 공부하는 게 가장 중요해. 무슨 일이 있어도 하루 계획은 꼭 지켜야 한다. 하루에 수학 문제 5개 풀고, 영어 단어 5개 외운다고 계획을 세웠으면 반드시 그렇게 해야 돼. 하루는 놀고 그다음 날 수학 문제 10개 풀고, 영어 단어 10개 외우는 건 도움이 안 된다는 뜻이야. 가슴에 새겨야 된다. 따라 해 봐. '하늘이 무너져도 계획은 지킨다!'"

은공 쌤이 찬서의 눈을 뚫어지게 바라보며 말했다. 찬서는 마지못해 기어 들어가는 목소리로 따라 했다.

"안 들린다!"

찬서는 심호흡을 하고는 은공 쌤의 머리카락이 휘날릴 정도로 커다랗게 소리를 질렀다.

"하늘이 무너져도 계획은 지킨다!"

은공 쌤은 흡족한 표정을 지으며 또다시 찬서의 공부일기와 하루계획표를 꼼꼼하게 검토했다. 그러다가 찬서가 비슷한 유형의 수학 문제를 계속 틀린다는 걸 알게 됐다.

"찬서야, 네가 어제 풀었던 3번 문제랑 오늘 푼 8번 문제는 같은 유형이야. 근데도 두 개 다 틀렸다는 건 니가 이 수학 원리를 이해하지 못했다는 거야. 그럴 때는 그 범위를 다시 공부하고 틀린 문제는 오답 노트를 만들면 좋아. 이 문제를 왜 틀렸는지 반드시 적어 놓아야 한다. 그래야 다음에 또 안 틀려. 그리고 모르는 문제라고 바로 답안지를 보면 안 돼. 생각을 해야 돼. 교과서를 다시 찾아보더라도 답안지를 빨리 보면 안 된다는 걸 잊지 마. 내일부터는 오답 노트도 검사한다."

은공 쌤은 아이들에게 공부 방법을 가르치긴 했지만, 강압적으로 고치려 들지는 않았다. 더 좋은 방법을 제안할 뿐이었다. 아이들에게는 그런 방식이 큰 힘이 되었다. 틀렸다고 지적받으면 자꾸 주눅이 드는데 은공 쌤의 방법은 그와는 반대로 의욕을 불러일으켰다.

공부 분량을 채우지 못한 아이들은 잠을 줄여서라도 반드시 분량을 마쳐야 했기에 나흘째부터는 아침밥을 먹을 때 식탁 앞에서 꾸벅꾸벅 조는 아이들도 있었다. 은공 쌤은 그런 아이들을 보다가 한 가지 제안을 했다.

"아침 7시 30분에 일어나서 30분씩 쌤이랑 같이 동네 달리기 할 사람?"

"저는 자신 없어요."

"뛰면서 졸 것 같아요."

"저는 싫어요."

"저도 잠을 선택할래요."

아이들이 이구동성으로 반대했다. 8시에 일어나는 것도 힘든데 7시 반에 일어나서 운동이라니, 있을 수 없는 일이었다.

"너희들 이 동네에 길냥이 많은 거 모르지?"

"길냥이요?"

유독 동물을 좋아하는 유나의 귀가 번쩍 뜨였다.

"쌤이 길냥이들 밥을 챙겨 주고 있는데 말야. 이 녀석들이 아침마다 쌤을 목이 빠져라 기다리고 있거든. 너희들이랑 구역을 나눠서 먹이를 주면 길냥이들도 오래 기다리지 않고 빨리 밥을 먹을 수 있으니 좋을 것 같은데."

"좋아요, 쌤! 저 할래요, 저 할래요!"

유나가 손을 번쩍 들며 엉덩이를 들썩였다.

"길냥이가 몇 마리나 되는데요?"

소이도 관심을 드러내며 물었다.

"열 마리도 넘는다. 곧 있으면 새끼도 태어나고. 그 아이들은 오매불망 쌤이 오기만을 기다리고 있으니 미안하기도 하고, 신경이 쓰여서 말야."

"저도 할래요."

은공 쌤의 말이 끝나자마자 소이도 같이하겠다고 나섰다. 꾸벅꾸벅 졸고 있던 찬서는 정신이 몽롱해서 이야기를 정확히 듣지는 못했지만 길냥이 밥을 준다는 말에 얼떨결에 하겠다고 말

해 버렸고, 그렇게 되자 선우도 동의할 수밖에 없었다.

"좋았어. 그럼 둘씩 짝을 지어서 구역을 정해 밥을 주도록 하자. 내일부터 가능하지?"

"네네네!!!"

길냥이 밥주기 프로젝트가 시작되면서 아이들은 그전보다 훨씬 쉽게 일어났다. 귀여운 길냥이들에게 밥을 줘야 한다는 책임감과 밥을 맛있게 먹는 길냥이들을 보면 잠을 30분 포기하는 게 아깝지는 않았다.

아이들은 그렇게 즐거우면서도 새로운 계획을 중간중간 새롭게 만들어 가면서 산골학당의 생활에 적응해 나갔다. 그래도 하루아침에 모든 습관을 싹 고치기는 힘들었다. 찬서는 수학 공부를 하는 도중에 책상 밑에서 게임을 하다가 핸드폰을 하루 동안 압수당하기도 했고, 선우는 운동하러 가기 싫어서 책상에 멍하니 앉아 있거나 만화를 그리다가 소이에게 지적을 당하기도 했다. 소이는 공부를 하면서 얼마나 크게 빅스타 노래를 따라 부르는지 아이들이 단체로 항의를 하기도 했다.

"야, 그 지겨운 노래 좀 그만 불러. 나까지 다 외우겠다."

"앗, 미안. 조심할게. 내가 원래 오빠들 노래를 부르면서 공부하는 타입이라."

"그러면서 어떻게 공부를 해?"

유나가 신기하다는 듯 물었다.

"그러니까 공부를 못했지."

찬서가 이때를 놓칠 세라 또 장난을 걸었다.

"너 때문에 다른 사람들까지 방해받으니까 공부할 때는 노래 듣지 마."

선우는 정색을 하며 건의했다. 소이는 아이들의 쏟아지는 불만에 손가락으로 연신 오케이를 그리며 알았다고 장담했지만 버릇을 고치기는 쉽지 않았다. 어떨 때는 갑자기 벌떡 일어나

춤을 춰서 아이들이 깜짝 놀란 적도 있었다.

유나도 별반 다르지 않았다. 오후 낮잠 시간에 잠에 곯아떨어져서 소이가 숨을 쉬고 있나 코밑에 손을 대 본 적도 있었다. 다행히 유나는 살아 있었다.

"유나야, 일어나. 30분이나 지났어."

"음냐, 음냐, 음음."

"야, 너 그러다 밤늦게까지 은공 쌤한테 붙잡혀 있으려고 그래?"

그 소리에 유나가 벌떡 일어났다.

"아, 안 돼! 그건 안 돼!"

유나는 잠꼬대인지 진심인지 모를 말을 뱉으며 후다닥 대청마루로 나갔다. 유나가 좀처럼 잠 습관을 고치지 못하자, 하루는 은공 쌤이 유나를 불렀다. 간식을 먹고 난 뒤였다.

"유나야, 쌤이랑 뒷산 산책 어때?"

유나는 산에 올라가는 걸 싫어했지만, 은공 쌤이 하고 싶은 말이 있는 것 같아 어쩔 수 없이 따라나섰다.

뒷산은 그렇게 가파르지 않아 크게 힘들이지 않고 올라갈 수 있었다. 은공 쌤과 유나는 발을 맞춰 나란히 산을 올랐다. 산을 오르는 동안 은공 쌤은 별 말을 하지 않았다. 그저 이것이 무슨 나무다, 이게 무슨 꽃이다 정도만 이야기할 뿐이었다. 30분에 걸쳐 산 정상에 올라온 두 사람은 바위에 나란히 앉아 땀을 식혔다. 잠시 뒤, 은공 쌤이 유나에게 물병을 건넸다. 물을 벌컥벌컥 마시고 나니 어쩐지 기분이 상쾌했다. 은공 쌤은 유나가 땀을 식힐 때까지 기다렸다가 조용히 입을 열었다.

"쌤이 보니까 유나는 참 차분하고 꼼꼼하더구나. 책임감도 강하고."

"앗, 그런가요?"

유나는 갑작스러운 은공 쌤의 칭찬에 쑥스러워했다.

"쌤이 지난 나흘 동안 유나를 보니 그래. 유나는 자신이 뭘 잘하는 것 같아?"

"잘하는 거요?"

유나는 잠시 생각에 잠겼다. 자신은 잘하는 게 하나도 없다고, 하고 싶은 게 하나도 없다고 생각해 온 터라 딱히 할 말이 없었다. 유나가 아무 말도 하지 못하자, 은공 쌤이 나직하게 말했다.

"쌤이 보기에 유나는 책임감이 강하고 누군가를 잘 돌봐."

"제가요?"

"응, 정말로! 길냥이들한테 밥 주는 거 보면서 알게 됐지. 유나가 그걸 굉장히 좋아하고, 잘하고, 꼼꼼하고, 책임감 있게 한다는 걸. 길냥이한테 물도 주자고 제안한 게 유나잖아."

"그건, 제가 길냥이 유튜브를 자주 봐서 알게 된 거예요. 길냥이들한테는 물이 정말 중요하고 귀하대요."

"맞아, 쌤은 그걸 몰랐지. 애들이 지저분한 물을 먹는 걸 보면서도 깨끗한 물을 줘야겠다는 생각을 못했어. 세심하게 살피지 못한 거지."

유나는 기분이 좋아졌다. 자신한테 그런 장점이 있다는 걸 전혀 몰랐기 때문이다.

"유나는 나중에 수의사를 하면 잘할 것 같다."

"수의사요? 쌤, 저는 그렇게 공부를 잘하지 못해요. 거의 꼴등인데요…."

유나가 풀이 죽어 답하자, 은공 쌤이 손을 내저었다.

"유나는 이제 겨우 열두 살이야. 지금부터 해도 충분히 가능해. 뭐가 문제야?"

"기초도 너무 약하고…. 다른 아이들은 이미 6학년 공부를 하기도 하는데, 저는…."

"그 아이들은 박유나가 아니잖아. 넌 너만의 속도로 하면 돼. 누구랑 비교할 필요 없어."

"…."

"쌤한테 동물이나 수의사와 관련된 책이 몇 권 있는데 한번 읽어 볼래?"

"네!"

유나가 눈을 반짝거리며 대답했다. 은공 쌤이 유나의 어깨를 토닥이며 말했다.

"좋았어! 계획을 좀 바꿔도 돼. 어쩌면 수의사가 유나의 미래의 모습이 될 수도 있으니까, 거기에 맞춰서 10일 계획표를 수

정해도 좋아."

유나는 가슴이 콩닥콩닥 뛰기 시작했다. 지금까지 한 번도 뭐가 되고 싶다는 생각을 해 본 적이 없는 유나였다. '공부도 못하는 내가 뭘 할 수 있을까.' 하는 생각만 했다. 하지만 은공 쌤의 말을 듣고 나니 가슴이 두근거리면서 뭔가를 열심히 하고 싶다는 생각이 들었다.

유나는 정말 동물을 좋아했다. 고양이, 강아지는 물론이고 남들은 다 싫어하는 뱀이나 도마뱀도 유나는 싫지 않았다. 한번 만져 보고 싶다는 생각이 들 정도였다. 동물들에 대해서는 호기심이 많았고, 어렸을 때는 동물원 가는 걸 좋아했고, 동물 관련 유튜브도 자주 봤다.

'왜 나는 한 번도 그게 나의 특기라고 생각하지 못했지? 그래, 수의사가 되자. 그러면 행복하게 살 수 있을 것 같아.'

유나는 그런 다짐을 하며 산을 내려왔다. 숙소에 돌아오자마자 유나는 계획을 수정했다. 영어 단어 복습 시간과 핸드폰 보는 시간을 독서 시간으로 바꾼 것이다. 물론 동물이나 수의사 관련 책을 읽을 생각이었다. 유나는 처음으로 10일 계획표가 예뻐 보였다. 전에는 부담스럽고 쳐다보고 싶지 않은 계획표였는데, 계획표를 수정하고 목표 의식이 생기니 어쩐지 계획표마저 자꾸 보고 싶었다.

'나도 이제 꿈이 있어. 꼭 그 꿈을 이룰 거야!'
 유나의 마음은 산골학당 대문 위에 걸려 있는 구름처럼 뭉게뭉게 피어올랐다.

김찬서 화장실 사건

 닷새째가 되어 가면서 아이들은 점차 규칙적인 생활에 익숙해져 갔다. 특히 유나가 눈에 띄게 달라졌다. 유나는 이제 예전처럼 생기 없는 아이가 아니었다. 낮잠을 자기는 했어도 알람에 맞춰 벌떡벌떡 일어났고, 특히 저녁 독서 시간에 보이는 집중력이 대단했다. 은공 쌤이 추천해 준 책을 하루 만에 읽을 때도 있었다. 유나의 변화는 다른 아이들에게도 영향을 미쳤다. 아이들은 유나를 보면서 자극을 받았고, 하루하루 목표를 성취해 간다는 기쁨을 조금씩 알아 가기 시작했다.

 가장 걱정이 많았던 찬서도 그럭저럭 적응해 갔다. 물론 자신도 모르게 "아, 게임하고 싶다." 하고 중얼거리면서 멍하니 하늘을 올려다보곤 해서 아이들에게 웃음을 안겼지만, 그런대로 계획을 잘 지켜 나가고 있었다. 물론 스스로 평가하는 점수가 좋지는 않았다. 은공 쌤은 특히 찬서와의 면담 때 신경을 많이 썼고, 찬서의 공부 분량을 꼼꼼하게 확인했다. 네 명의 아이들 중에서 찬서와의 면담 시간이 항상 제일 길었다. 그만큼 찬서는 계획을 지키는 데 힘겨워하고 있었다.

 그날도 모든 아이들의 면담이 다 끝나고 9시가 훌쩍 넘은 시간에 찬서의 면담이 잡혔다. 은공 쌤은 면담을 마치고 나가는 선우에게 찬서를 불러오라고 말했다. 하지만 찬서는 방 안에 없었다. 선우는 혹시나 싶어 화장실로 가 보았다. 선우는 잠긴 화장실 문 하나를 똑똑 두드렸다.

"김찬서, 너 거기 있어?"

"끄응, 그래."

"빨리 나와. 너 면담할 차례야."

"끄응, 알았어. 나 지금 똥 싸고 있어."

"빨리 나와. 쌤 기다리셔."

"알았어."

 찬서는 변비에 걸린 사람처럼 온몸에 힘을 주며 간신히 대답했다. 선우는 속으로 '진짜 가지가지 한다'라고 생각하며 화장실을 나왔다. 그런데 5분이 지나고 10분이 지나도록 찬서는 화장실에서 나오지 않았다. 선우는 씩씩대며 다시 화장실로 갔다.

"야, 김찬서! 너 뭐해. 벌써 10분이나 지났어!"

"으윽, 똥이 안 나와. 변비인가 봐."

"뭐?"

"어제부터 똥이 안 나와서 배가 아팠는데 지금 힘주고 있으니까 방해하지 마."

선우는 코를 막고 화장실에서 나왔다. 그런데 이상했다. 똥 냄새가 전혀 안 나는데? 아하! 그 순간 선우의 머릿속에 뭔가 떠오르는 게 하나 있었다. 선우는 씨익 웃으며 일부러 큰 소리로 은공 쌤을 불렀다.

"쌤, 쌤! 찬서가 변비라서 지금 면담을 못하겠다는데요?"

아이들이 깔깔깔 웃으며 다들 방문을 열고 밖을 내다보았다. 은공 쌤도 당근을 씹어 먹으며 대청마루로 나왔다. 그러고는 알 듯 말 듯한 미소를 지으며 화장실로 갔다. 아이들도 쪼르르 은공 쌤을 따라갔다.

"찬서! 변비라고?"

갑작스러운 은공 쌤의 등장에 찬서는 말을 잃었다. 화장실 안쪽에서는 아무 소리도 들리지 않았다.

"찬서야, 벌써 15분이 지났는데 아직도 똥이 안 나온 거니?"

아이들이 키득키득 웃기 시작했다. 역시 아무 대답도 들리지 않았다.

"찬서야, 예전에 일주일 동안 변을 보지 못한 어떤 사람이 똥 독 때문에 기절했다는 기사를 읽은 적이 있다. 너도 그렇게 되기 전에 119를 부르는 게 좋을 것 같구나."

은공 쌤의 말이 끝나자마자 화장실 문이 우당탕 열리며 찬서가 뛰쳐나왔다.

"아, 이제 다 쌌어요. 가시죠, 쌤."

아이들이 배꼽을 잡고 웃었고, 찬서는 은공 쌤의 등을 떠밀며 마당으로 나왔다. 피리 부는 사나이의 뒤를 쫓는 아이들처럼 선우와 유나와 소이도 은공 쌤의 뒤를 졸래졸래 따라 마당으로 나왔다.

"김찬서, 너 상당히 의심스럽다? 손에 그거 핸폰 아니야?"

소이가 웃음을 간신히 참으며 물었다. 찬서가 핸드폰을 등 뒤로 숨기며 말을 더듬었다.

"아, 핸, 핸폰 맞지. 맞는데, 그, 그래, 시간 보려고! 시간 보려고 가지고 들어갔던 거야. 너무 오래 앉아 있으면 안 되니까."

"거짓말은 계획을 안 지키는 것보다 더 나쁜 거다."

은공 쌤이 근엄한 얼굴로 말했다. 찬서가 고개를 푹 숙였다.

"야, 아무리 게임이 하고 싶어도 그렇지. 변기에 앉아서 그걸 하고 있냐, 냄새나게."

선우가 이때다 싶어 찬서를 놀리기 시작했다.

"니 몸에서 똥 냄새 날 것 같은데? 변기에 30분은 앉아 있지 않았나?"
"으~~, 변비 장인 김찬서!"
아이들이 코를 막으며 찬서를 놀렸다. 아이들이 아무리 놀려도 찬서는 반응이 없었다. 고개를 숙이고 어깨를 추욱 늘어뜨린 채였다.

"찬서, 쌤 방으로 따라 들어왓!"

의외로 은공 쌤은 화를 내거나 찬서를 혼내지 않았다. 당근만 씹어 먹으며 무심하게 말했다. 찬서는 터덜거리며 은공 쌤을 따라 안방으로 들어갔다. 자리에 앉은 두 사람은 한동안 아무 말이 없었다.

"사실 쌤이 말야, 다이어트가 이번이 처음이 아니거든?"

은공 쌤의 엉뚱한 첫마디에 찬서가 고개를 들어 은공 쌤을 바라보았다.

"간식에 야식에 폭식에 생활 습관을 고치지 않으니까 살이 빠지지 않더라고. 건강도 나빠지고. 그럴 때마다 다이어트를 했어. 한 열 번도 넘을걸?"

찬서는 귀를 쫑긋 세우고 은공 쌤의 말에 귀를 기울였다.

"근데 열 번 다 실패했지. 너도 알겠지만 그 맛있는 초콜릿이며 치킨, 과자를 어떻게 포기하겠니. 안 그래?"

"그럼요. 치킨은 사랑이죠."

"맞아. 치킨은 사랑이지. 그런데 이번엔 달라."

"헐, 성공할 것 같으세요?"

찬서가 눈을 동그랗게 뜨며 물었다.

"물론! 지금까지 계획을 너무 잘 지켜오고 있거든. 심지어 예전에는 쳐다보지 않았던 생고구마도 맛있고, 당근이랑 오이도 맛있다. 씹으면 씹을수록 단맛이 배어 나오는 게 진짜 달더구나."

"거짓말은 계획을 안 지키는 것보다 더 안 좋은 거라고 하시더니…"

"아니, 진짜라니까. 진짜 맛있어. 너도 먹어 볼래?"

은공 쌤이 자신이 먹던 당근을 찬서 눈앞에 불쑥 내밀었다. 찬서가 눈살을 찌푸리며 뒤로 물러났다.

"이번 다이어트는 왜 다른지 아니?"

찬서가 고개를 저었다.

"이유가 있기 때문이지."

"이유요?"

"저번에도 쌤이 말했잖아. 병원에 갔더니 의사 쌤이 이대로 가다간 1년 안에 농사도 짓지 못할 만큼 몸이 망가진다고 겁을 줬다고."

"네, 그러셨어요."

"그 말을 들으니까 무섭더라고. 쌤은 죽을 때까지 농부로 살 건데, 농사를 짓지 못하게 된다면 쌤 인생이 얼마나 재미없겠어. 다이어트를 해야 하는 확실한 이유를 찾은 거지. 물론 남이 찾아 줬지만."

찬서는 그제야 왜 은공 쌤이 뜬금없이 다이어트 얘기를 꺼냈는지 알 것 같았다.

"찬서가 목표를 달성하지 못하고 힘들어하는 건 핸폰 보는 시간을 줄여야 하는 이유, 그리고 공부해야 하는 이유를 찾지 못했기 때문이야."

찬서가 고개를 끄덕였다.

"그 이유를 찾아야 내가 미치도록 좋아하지만 내 인생에 방해가 되는 것들을 자제하고 조절할 수 있는 힘이 생겨."

"네…."

"쌤은 찬서가 그걸 찾을 수 있을 거라고 확신해."

은공 쌤은 찬서의 어깨를 툭툭 두드려 주었다. 찬서도 은공 쌤을 보며 옅은 미소를 지었다.

"게임하느라 변비 환자 흉내는 냈지만 오늘 할 일은 해야겠지? 가서 공부일기장이랑 평가표 가지고 오도록!"

"아, 혹시나 했는데…."

찬서가 아쉽다는 듯 입맛을 다셨다.

"우리 학당에서 '혹시나'는 없다. '역시나'는 있어도!"

은공 쌤의 확고한 대답에 찬서도 어깨를 으쓱하고는 방문을 열었다. 그런 찬서의 등 뒤에 대고 은공 쌤이 물었다.

"근데 화장실에서 레벨업은 했어?"

"네! 30분 만에 깼어요! 헤헤."

말해 놓고 보니 이건 아니다 싶었다. 찬서는 벅벅 머리를 긁으며 호다닥 방을 뛰쳐나갔다.

선우의 시간은 잘도 달린다

 선우는 어렴풋했던 자신의 꿈을 학당에서 확실하게 찾은 것 같았다. 예전에도 그림 그리기를 좋아하기는 했다. 미술학원에 다닌 적도 있었지만, 4학년 때 그만두었다. 그림을 잘 그리는 아이들이 너무 많았기 때문이다. 선우는 자신의 실력이 그저 그런 편이라고 생각했다. 다른 아이들과 그림체도 달랐다. 하지만 집에서는 심심할 때마다 늘 그림을 그렸다. 선우에게 잔소리를 하는 엄마 얼굴도 그리고, 점점 작아져만 가는 자신의 심리 상태를 그림으로 표현하기도 했다. 잘 숨겨 둔 그림 노트를 엄마한테 들켜서 또 한소리 들어야 했지만 말이다.

 "아들! 엄마가 이렇게 못생겼어? 입술은 이게 뭐야? 왜 이렇게 튀어나왔어?"

"엄마가 나한테 잔소리할 때 입술이 그렇게 튀어나와."

엄마는 거울을 들여다보며 자신의 입술을 요리조리 살펴보았지만, 사실 엄마 입술이 정말로 그렇게 튀어나온 건 아니었다. 잔소리하는 엄마의 얼굴을 볼 때 입술밖에 안 보이니까 좀 과장해서 그린 것일 뿐.

선우는 학당에서도 시간이 남을 때면 은공 쌤이나 아이들의 얼굴을 그렸다. 선우 그림의 특징은 선우가 그 사람을 볼 때 느끼는 감정을 그림에 담아 그린다는 점이었다. 사실적인 그림이 아니었다. 그래서 선우 그림을 보는 사람은 기분 나빠하거나 삐쳤다. 그래서 선우는 자신의 그림노트를 잘 감춰 두어야 했다. 하지만 세상에 비밀이란 없는 법! 학당에서도 결국 선우의 그림노트는 발각되고 말았다. 간식을 먹고 공놀이를 하다가 시간이

남아서 대청마루에 엎드려 찬서를 그리고 있을 때였다.

"야, 장선우! 내가 이렇게 괴물 같이 생겼냐! 죽을래!"

선우가 깜짝 놀라 벌떡 일어나 보니 등 뒤에서 찬서가 씩씩대고 있었다.

"아, 이거 너 아닌데?"

"야, 손에 게임기 들고 있으면 나지 뭘 아니야."

"세상에 게임기 갖고 있는 사람이 너밖에 없냐?"

"뻥치시네. 코랑 눈이랑 나랑 똑같이 생겼는데 계속 아니라고 뻥치냐?"

찬서가 씩씩 화를 내고 있을 때 방에서 나온 유나가 선우의 그림을 보고 감탄했다.

"우와, 장선우 너 천재야? 누가 봐도 김찬서잖아. 완전 닮았는데."

"거 봐!"

찬서가 눈을 부리리며 콧김을 푹푹 뿜었다. 선우는 쏟아져 나오는 웃음을 들키지 않으려고 고개를 돌렸다. 더 이상의 거짓말은 불가능했다. 찬서의 우렁찬 목소리에 방에서 쉬고 있던 소이도 대청마루로 나왔다. 다들 선우의 그림을 보며 감탄하면서 호들갑을 떠느라 정신이 없었다. 그때 소이가 선우의 노트를 낚아채며 말했다.

"어쩐지 나도 있을 것 같은데?"

선우는 당황했지만 때는 이미 늦었다. 노트를 휙휙 넘기던 소이가 은공 쌤의 그림을 보며 배를 잡고 웃었다.

"이게 뭐야? 하하하하하, 당근 먹는 헤라클레스야? 아하하하, 너무 귀여운데?"

"야, 너 그렇게 웃을 때가 아냐. 이 그림은 너잖아, 뭐야, 춤추는 바보 같은데? 히히히."

조금 전까지 화를 내던 찬서가 소이의 그림을 보고 허리를 꺾어 가며 웃었다. 깔깔거리며 웃던 소이는 자신의 그림을 보고는 선우를 째려보며 정색을 했다. 눈에서 레이저가 쏟아져 나올 것 같았다.

"우와, 선우가 그림을 잘 그리네."

은공 쌤이었다. 어느새 아이들 뒤에 와서 그림을 구경하고 있었다.

"쌤을 그린 그림을 보셔도 그렇게 말씀하실까요?"

소이가 은공 쌤의 그림을 보여 주었지만, 은공 쌤은 화를 내기는커녕 크게 감탄했다.

"누가 봐도 딱 나네. 특징을 너무 잘 잡았다."

아이들은 은공 쌤의 반응에 맥이 빠졌지만 그림을 잘 그린다는 점에는 모두 동의했다.

"정말 특이하게 잘 그리는 것 같아."

유나가 감탄했다.

"재능을 잘 살려 봐라, 선우야."

은공 쌤은 이 한마디를 던지고 휑하니 대문 밖으로 사라졌다. 그 뒤부터였을 것이다. 선우가 신바람이 나기 시작한 때가. 그림으로 다른 사람들을 웃기고 울리고 감탄하게 만드는 재주가 있다는 걸 알게 된 선우는 기분이 좋았다. 공부만 할 때는 늘 억지로 이끌리듯이 공부했는데 이젠 아니었다. 그 뒤로 책상 앞에 앉아 있는 선우의 시간은 확 줄었다. 집에서는 하루에 8시간 이상씩 책상에 앉아 있었다면 학당에서는 4시간 정도만 앉아 있었다. 하지만 무슨 공부를 하든 집중이 잘됐다. 공부 분량을 모두 마치고 그림 그릴 생각에 집중력이 좋아진 것이다. 좋은 공기를 마시며 운동을 하고 그리고 싶은 그림도 맘껏 그릴 수 있으니 선우의 표정에서도 변화가 나타났다. 자신감이 생기면서 공부도 예전 실력을 찾아가고 있었다. 기초가 잘 다져 있으니 복습과 예습만 충실히 해도 눈에 띄게 실력이 올라갔다. 문제집을 풀어도 90점은 기본으로 넘었다.

"장선우, 너 공부를 이렇게 잘하는 애였냐?"

대청마루에서 같이 공부하던 찬서가 수학 문제집을 채점하고 있는 선우 옆에 다가와 부러운 듯 물었다.

"내가 이런 몸이시다."

선우가 장난스럽게 가슴을 쫙 펴며 말했다.

"부럽다. 수학을 두 개밖에 안 틀리다니. 이거 6학년 수학이야?"

"학원에서 선행 학습을 하니까."

"와, 난 수학 70점만 넘어도 우리 엄마가 되게 좋아하는데."

찬서가 풀이 죽어 말했다.

"수학은 무조건 기초부터 공부해야 돼. 4학년 교과서부터 다시 공부해 봐."

"야, 쪽팔리게 5학년이 어떻게 4학년 교과서로 공부를 하냐?"

"공부에 쪽팔린 게 어딨어. 유나도 4학년 1학기 교과서 공부하던데."

"걔는 걔고, 나는 나고."

"자존심 찾다가 너 중학교 가서 후회한다."

찬서가 못마땅한 얼굴로 입을 삐죽거리다가 마지못해 말했다.

"4학년 교과서를 포장지로 싸서 공부하면 아무도 모르겠지?"

"오, 그것도 좋은 방법이네."

선우와 찬서가 한바탕 크게 웃었다.

"쌤도 말씀하셨지만, 공부는 규칙적으로 하는 게 중요해. 하루에 수학 문제 무조건 10개 푼다, 이런 규칙을 세워 놓으면 훨씬 재밌게 공부할 수 있어. 난 이런 것도 만들었어."

선우가 자신의 노트를 펼쳐 보여 주었다.

"10일 단위로 만든 성공가늠표야."

수학 10문제	성공	실패
1일		△
2일		△
3일		△
4일	○	
5일	○	
6일		

7일		
8일		
9일		
10일		
나에게 주는 선물		

"'나에게 주는 선물'은 뭐야?"

선우의 노트를 살펴보던 찬서가 의아한 얼굴로 물었다.

"말 그대로 10일 동안 목표를 다 달성했으면 나한테 선물을 주는 거야."

"엄마한테 사 달라고 하는 거야?"

"아니! 그냥 그때그때 생각나는 작은 선물을 나한테 하는 거지. 내 용돈으로. 꼭 물건이 아니라도 좋고."

"물건이 아닌 게 어떻게 선물이 돼?"

"음…. 좀 오글거리지만 5분간 나 자신 칭찬하기, 뭐 이런 거?"

"어우, 뭐야. 진짜 오글거려."

"오글거려두 하고 나면 기분 좋아질걸? 뭐 어때냐, 듣는 사람도 없는데. 그런 게 아니더라도 떡볶이 사먹기, 사고 싶었던 장난감 사기, 라면 두 봉지 먹기 그런 것도 선물할 수 있지."

"라면 두 봉지 먹기 좋은데?"

두 사람은 얼굴을 마주보며 웃었다.

"김찬서, 수학 공부하다가 모르는 거 있으면 이 몸한테 물어보거라."

선우가 장난스럽게 찬서의 어깨를 토닥이며 말했다.

"예예, 알겠슴다, 수학 천재님."

선우는 가슴을 쭉 내밀며 악수를 청했고, 찬서는 굽신거리며 선우의 손을 잡았다.

"넌 공부가 잘되는구나. 부럽다."

장난을 주고받던 찬서가 선우 옆에 벌렁 드러누우며 혼잣말처럼 중얼거렸다.

"일찍 일어나서 운동하고 내가 좋아하는 만화 그리면 기분이 아주 상쾌해져. 그 뒤부터는 그 기분으로 공부하는 거지. 뭔가 자신감이 생긴다고 할까."

"좋겠다."

"쌤 말씀대로 공부의 이유를 찾으면 공부가 재밌어지는 것 같아. 이건 너한테만 말하는 비밀인데, 나는 커서도 그림을 그리고 싶어."

"정말?"

찬서가 동그래진 눈으로 선우를 바라보았다.

"미국으로 유학도 가고 싶어."

"우와, 대박~!"

"외국에 가면 더 많은 새로운 그림을 볼 수 있을 것 같아."

"장선우, 너 보기보다 멋있다."

찬서가 진심으로 감탄했다.

"하하, 뭘. 그냥 내가 이 정도야."

"잘난 척만 안 하면 더 멋있을 텐데."

찬서가 정곡을 찌르자 선우가 크게 웃었다.

"너도 그런 이유를 찾아봐. 그럼 공부가 그 이유를 이루기 위해 필요하다는 걸 알게 될 거야."

"그게 어려우니까 그러지."

"천천히 찾아. 급할 게 뭐 있냐. 우리 아직 열두 살인데."

찬서가 선우를 보며 고개를 끄덕였다. 처음에는 게임만 하는 멍청한 아이인 줄 알았는데, 사실 가깝게 지내고 싶지도 않았는데, 선우는 찬서가 마음이 따뜻하고 착한 아이라는 걸 하루하루 같이 시간을 보내면서 알게 되었다. 속마음을 감추지 못하는 게 최대 단점이긴 하지만 찬서는 그만큼 솔직하고 숨기는 게 없는 친구였다. 헤드폰 게임에 파묻혀 살았던 찬서도 곧 자신이 잘하고 즐겁게 할 수 있는 일이 무엇인지 찾을 거라고 선우는 생각했다.

선우가 대청마루로 내려서며 씩씩하게 찬서에게 말했다.

"우리 축구 한 판 할까?"

"좋지! 그건 내가 이길 자신 있다."

찬서와 선우는 축구공을 찾아 한옥 마당을 뛰어다니며 공을 찼다. 여름 햇살이 두 사람의 어깨 위로 눈부시게 떨어졌다.

> 빅스타가 없는 시간도
> 생각보다는 괜찮아

    소이는 대청마루에 앉아 파란 하늘을 멍하니 바라보며 그동안 자신의 생활을 돌아보았다. 빅스타 덕질 말고는 한 일이 아무것도 없는 것 같았다. 빅스타 오빠들한테는 4학년 초에 입덕했으니 1년 반을 그렇게 지낸 셈이다. 학교와 학원 숙제를 간신히 할 뿐, 예습이나 복습 같은 학교 공부는 전혀 하지 못했다. 빅스타 오빠들의 콘텐츠는 하루가 멀다 하고 쏟아지기 때문에 며칠만 걸러도 봐야 할 영상이나 노래가 한가득이었다. 그렇게 덕질에만 빠져 사니 학교생활이 재미있을 리 없었다. 반 친구 중에 같은 덕질을 하는 친구와 이야기할 때 말고, 학교는 즐겁지 않은 곳이었다. 가야 하니 어쩔 수 없이 가야 하는 곳이었다.
    하지만 방과후수업에서 원어민 선생님과 함께하는 영어 수업은 재미있었다. 오빠들이 좋아한다는 팝송의 뜻을 알면서 들을 수 있었고, 해외 활동할 때 토크쇼나 인터뷰 내용도 잘 들렸다. 영어를 빼고 소이가 좋아하는 과목은 하나도 없었다. 그러니 자신감은 점점 바닥을 치고, 학원 진도를 쫓아가기도 버거웠다. 소이는 이른바 덕질만 하는 아이였다.

그런데 산골학당에서는 달랐다. '영어만 잘하는 아이'에서 '영어를 잘하는 아이'가 된 것이다. 은공 쌤의 격려는 소이에게 날개를 달아 주었다. 영어를 잘하는 건 굉장한 장점이자 장기이기 때문에 그 특기를 살려 보라는 은공 쌤의 말에 소이는 기쁨으로 가슴이 터질 지경이었다. 그때부터 소이는 산골학당에 있는 동안만이라도 계획표를 잘 지켜 보자고 다짐했다. 은공 쌤에게 뭔가를 보여 주고도 싶었지만, 이 계획에 성공하면 앞으로 무엇이든 자신 있게 할 수 있을 것 같았다.

첫날은 아침 일찍 일어나는 것부터 힘들었지만, 은공 쌤이 울리는 요란한 종소리 때문에 일어날 수밖에 없었다. 그렇게 며칠을 억지로 일어나다 보니 곧 아침에 일어나는 게 어렵지 않게 되었다. 아침 일찍 하는 공부도 꽤 잘 맞았다. 집중력이 떨어지는 자신의 성향을 생각해서 한 과목을 오래 공부하기보다는 1시간씩 짧게 공부해서 지루해지지 않도록 계획을 세운 게 잘 맞아떨어진 것이다. '딱 1시간만 집중해서 공부해 보자.'라고 생각하고 시작하면 정말 거짓말처럼 집중이 잘됐다. 그런 식으로 다른 과목도 1시간씩 공부했다.

처음에는 오빠들 노래가 없으면 집중이 안 됐다. 특히 학습지를 풀 때는 오빠들 노래를 꼭 들어야 문제가 술술 풀리는 것 같았다. 그래서 이어폰을 끼고 노래를 들으면서 공부했지만 그것도 곧 문제가 됐다. 자기도 모르게 큰 소리로 노래를 따라 부르는 것이었다.

"소수와 분수의 계산은 어느 한쪽으로 통일해서 계산… 우우우, 그렇게 찬란했던 우리의 사랑이~ 우우우, 이렇게 흘러가네, 이렇게 사라지네~."

자기도 모르게 터져 나온 노랫소리에 옆에서 수학 공부를 하고 있던 유나가 화들짝 놀랐다.

"악, 허소이! 뭐 하는 거야!"

유나가 귀를 막으며 소리쳤지만 소이 귀에는 빅스타의 최신 히트곡밖에 들리지 않았다. 소이의 노랫소리는 점점 더 커졌다.

"아아아~, 네가 이렇게 떠날 줄 알았다면 조금 더 너를 사랑할걸, 아아아~, 이렇게 끝이 있는 줄 알았다면~."

"허소이!"

참다못한 유나가 소이의 귀에서 이어폰을 빼자, 소이는 감고 있던 눈을 번쩍 떴다.

"너 지금 공부를 하는 거야, 노래방에 온 거야?"

소이가 뻘쭘해서 어색한 미소를 지었다.

"앗, 미안! 내가 노래 부르고 있는 줄 몰랐어."

"넌 어떻게 소리를 그렇게 크게 해 놓고 노래를 들어? 공부에 방해 안 돼?"

"아니, 절대, 네버! 난 우리 오빠들 노래 없으면 공부가 전혀 안 돼."

"설마. 노랫소리가 이렇게 큰데 집중이 될 리 없잖아. 더구나 그렇게 크게 따라 부르는데."

"그건 유나 말이 맞아."

유나의 말이 끝나자마자 어디선가 은공 쌤이 나타나 한마디를 보탰다. 오이를 씹으면서.

"공부가 더 잘 된다는 건 소이 생각이야. 잠깐 기억할 수는 있어도 오래가지는 못한다."

"헉, 쌤! 그래서 제가 기억력이 나쁜 걸까요?"

소이가 울상을 지으며 말했다.

"기억력이 나쁜 게 아니라 기억한 게 없는 거야."

유나가 은공 쌤의 말을 듣고 까르르 웃으며 말했다.

"정말 팩폭이네요."

소이가 아랫입술을 삐죽 내밀었다.

"공부에 방해되는 모든 요소를 없애야 능률이 올라. 그래야 짧은 시간에도 최대의 효과를 낼 수 있지. 공부하는 게 너무너무너무 재밌다면 모를까, 한 번 할 때 제대로 하고 빨리 끝내는 게 낫지 않겠어?"

"옳은 말씀이네요."

소이가 고개를 끄덕이며 동의했다.

"이어폰 금지, 노래 따라 부르기 금지, 빅스타 노래 금지. 소이가 공부할 때 지켜야 하는 세 개의 금지 사항! 명심해야 한다!"

은공 쌤은 그 말만 남기고 휘리릭 대문 밖으로 사라졌다.

"가끔 보면 은공 쌤은 도사님 같지 않아? 어디서 뽕 나타났다가 뽕 사라지셔."

유나의 말에 소이가 크게 웃었다. 그러다 금세 시무룩한 표정이 되었다.

"이제 오빠들 노래도 못 듣다니, 오빠들 없이 어찌 살라고…."

소이가 어깨를 축 늘어뜨렸다. 유나가 그런 소이의 어깨를 두드리며 말했다.

"샤인 오빠랑 결혼하려면 그 정도는 참아야지."

"으아~, 생각만 해도 너무 떨려. 그래, 그날을 위해서 지금의 괴로움을 참자."

소이가 주먹을 불끈 쥐었다. 그날 이후 소이는 자신의 집중력을 방해하는 요소들을 하나씩 없애 나갔다. 이어폰과 핸드폰을 책상에서 치웠고, 공부가 안 될 때는 자기 방에 들어가 집중력을 최대한 끌어올렸다. 그러면 한 시간을 훌쩍 넘겨 공부를 할 때도 있었다. 그렇게 공부하고 난 뒤 빅스타의 영상을 보면 전보다 훨씬 재미있었다. 보고 싶은 만큼 계속 볼 수 없다는 걸 알기 때문에 그런 것 같았다.

소이의 하루는 전보다 훨씬 짜임새가 생겼고, 하루 동안 무언가 의미 있는 일을 하고 있다는 생각에 기분도 좋아졌다. 하루 종일 빅스타의 영상을 보거나 노래를 들을 때는 즐겁기는 했지만 하루해가 저물고 나면 왠지 허무한 기분이 들었던 것도 사실이다. 너무 공부를 안 했다는 생각에 죄책감이 들기도 했다. 그런 기분으로 잠자리에 들었지만, 다음 날 아침이 되면 또 습관적으로 빅스타 영상을 보고 빅스타의 공식 SNS를 찾아갔다. 머리로는 이래서는 안 된다고 생각했지만 몸이 따라 주질 않았다.

하지만 계획표대로 움직이니 머리와 몸이 따로 가는 일이 없었다. 머리로 생각한 것을 항상 몸으로 실천했다. 예습과 복습을 탄탄하게 해 놓으니 방학이 끝나고 학교 가는 일이 그렇게 싫다는 생각도 들지 않았다. 방학이 끝날 때까지 이렇게 예습 복습을 해 놓으면 얼마나 많은 것이 쌓여 있을까 제법 기대가 되었다. 학교에서 선생님의 지목을 당해 발표를 하더라도 당당할 수 있을 것 같았다.

특히 소이는 자신이 완성하고 있는 첫 번째 번역 노트가 무척 기대됐다. 물론 짧은 동화책이지만, 어쨌든 무언가를 끝맺음한다는 데 의미가 있다고 생각했다. 소이는 《라푼젤》을 다 번역하면 집에 가서 그 안에 그림을 그려 넣은 뒤 인쇄해서 책처럼 만들 생각이었다. 동화책 앞에는 '번역: 허소이'라고 꼭 써넣을 것이다. 그리고 이런 책이 몇 권 더 쌓이면 이제 막 다섯 살이 된 이모 딸에게 선물할 생각이었다.

"와, 소이 너 영어 진짜 잘하는구나."

소이가 영어로 된 《라푼젤》 책을 한글로 번역하는 걸 본 선우가 말했다.

"하핫, 이 정도 갖고, 뭘. 사실 이거 되게 쉬운 영어야."

소이가 속닥거리면서 말했다.

"아무리 쉬운 영어라고 해도 다 읽고 번역한다는 게 대단한 거지."

"알아주니 고마워."

"영어 공부는 어떻게 해야 돼?"

선우가 불쑥 물었다. 선우는 수학은 잘했지만 영어는 정말 못했다. 소리 내어 읽는 것도 부끄러웠고, 영어 단어는 자주 잊어버렸다.

"영어 공부도 습관이야. 그냥 꾸준히 하는 방법밖에는 없어. 하루도 빠뜨리지 않고."

"잘하는 비법 같은 거 없어?"

"음…. 니가 좋아하는 걸 영어랑 연관시켜 봐."

"무슨 소리야?"

"만약에 니가 피카소를 좋아한다고 쳐 봐. 그럼 피카소와 관련된 영어책을 읽는 거지."

"오호~."

선우의 귀가 솔깃해졌다.

"나도 우리 빅스타 오빠들이 추천해 준 팝송 듣다가 영어 공부를 해야겠다고 생각한 거거든. 그러니까 더 머리에 쏙쏙 들어오더라."

"오, 좋은 방법이다."

선우가 소이를 향해 엄지손가락을 치켜세웠다.

"유어 웰컴~."

선우는 다시 책 번역에 집중하는 소이를 보면서 누구나 잘하는 게 한 가지씩 있다는 은공 쌤의 말을 떠올렸다. 그건 사실이었다. 다만 그것을 언제, 어떻게 찾느냐가 중요한 일이었다. 머릿속에 온통 빅스타밖에 없던 소이가 이렇게 변할 줄은 선우도 몰랐다. 아마 소이도 몰랐을 것이다.

찬서의 자아 찾기

　단체 공부방인 대청마루는 점점 독서실이 되어 갔다. 아무도 떠들지 않았고, 멍하니 먼 산을 보고 있거나 졸다가 바닥으로 고꾸라지거나, 최신 유행곡을 큰 소리로 따라 부르는 아이들도 없었다. 사각사각 연필 소리와 아이들의 차분한 숨소리만 들릴 뿐이었다. 아이들은 서로를 배려하면서 자신의 일과를 지켰다. 처음처럼 누가 누구 때문에 울거나 서로 싸우는 일도 없었다. 물론 찬서의 장난 때문에 여자아이들이 박박 소리를 지르는 경우는 있었다. 가령, 찬서가 자신이 빅스타를 닮았다고 할 때처럼 말이다.

　찬서는 공부하는 아이들을 보면 한 번도 그냥 지나치지 못했고, 꼭 장난을 걸었다. 그러면서 아이들이 자신의 계획표를 잘 지키고 있는지 무척 궁금해했다. 물론 찬서도 자신의 계획표를 그럭저럭 지켜 가고 있었다. 은공 쌤이 찬서의 하루 공부 계획에 무척 신경을 썼고, 그것을 지킬 수 있도록 꼼꼼하게 검토했기 때문이다. 하지만 찬서는 다른 아이들처럼 하루하루를 즐겁게 보내지 못했다. 화장실 사건 이후로 은공 쌤에게 공부하는 이유를 찾아보라는 특명을 받았지만 그것 또한 지금껏 찾지 못했다.

"쌤, 저만 뒤처지고 있는 것 같아요. 다른 아이들은 다 신나 보이는데요…."

어느 날 면담 시간에 찬서가 속마음을 털어놓았다.

"남이랑 비교하는 건 계획을 안 지키는 것보다 더 안 좋은 거다."

"그걸 누가 모르나요. 그치만 눈에 보이는 걸요."

찬서의 공부일기장을 읽던 은공 쌤이 고개를 들어 찬서를 바라보았다. 찬서의 눈에 깊은 고민이 들어 있었다.

"쌤은 몇 살에 농부가 됐게?"

은공 쌤이 갑작스럽게 질문을 던졌다.

"글쎄요…. 서른여덟?"

"마흔한 살."

"와~ 할아버지 나이네요?"

"이 녀석! 마흔한 살이 무슨 할아버지야?"

은공 쌤이 껄껄 웃었다.

"쌤도 늦게 길을 찾은 셈이지만 늦었다고 생각한 적은 없었다. 늦게 찾은 만큼 더 행복하기도 했고."

찬서가 깊게 한숨을 내쉬었다.

"공부의 이유가 꼭 직업이 돼야 할 필요도 없어."

"그럼요?"

"나는 자유롭게 살고 싶다, 나는 나무를 가꾸며 살고 싶다, 나는 여행하며 살고 싶다 이런 게 될 수도 있지."

"아, 어려워요."

"결론은 꼭 지금 뭘 찾을 필요는 없다는 얘기야. 천천히 찾아도 돼. 하지만 생각 없이 살면 이유는 영영 찾을 수 없어."

"그럼 저는 지금 당장 뭘 해야 할까요?"

"초등학교 5학년답게 열심히 살면 되지. 니가 꿈을 찾을 수 없게 방해하는 것들은 조금씩 쳐내면서…."

"맞아요. 핸폰만 보고 있으면 아무 생각도 안 하게 돼요."

"'와 끝내준다, 와 재밌다, 와 신난다, 아싸 이번 판 깼다.' 이런 생각은 하잖아."

"헤헤헤, 그런 생각은 1초에 한 번씩 하죠. 하지만 그게 공부의 이유를 찾아 줄 순 없으니까요."

은공 쌤은 대견하다는 듯 찬서의 등을 두드려 주었다. 찬서는 핸드폰 보는 시간 줄이는 걸 최종 목표로 삼았다. 그것만 달성한다 해도 이번 산골학당 캠프는 대대성공이다!

"11시에 나랑 같이 운동할 사람~."

어느 날, 찬서가 쉬고 있는 아이들을 향해 큰 소리로 물었다. 아이들이 모두 찬서에게 시선을 돌렸다.

"내가 핸폰 보고 싶을 때마다 운동을 하잖아. 혼자 운동하니까 재미도 없고 시간도 잘 안 가서 말야. 나랑 놀아 줄 사람?"

"나!"

뜻밖에도 유나가 먼저 손을 들었다.

"박유나? 진짜? 너 그 시간에 원래 뭐 하는데?"

"낮잠."

"니가 잠을 포기한다고?"

"싫으면 말고."

"아니 아니 아니, 좋아 좋아 좋아."

찬서가 황급히 대답했다. 지금은 유나든 동네 길냥이든 누구라도 필요했다.

"아니, 유나는 벌써 잠을 줄인 거야?"

마당을 쓸던 은공 쌤이 놀랐다는 듯 유나를 보며 물었다.

"네, 이제 한 시간만 자도 거뜬해요."

"그럼 잠 안 자고 남는 시간에는 뭐 했어?"

선우가 동그래진 눈으로 물었다.

"노루랑 놀았어."

"노루가 누구야?"

"내가 밥 주는 길냥이."

"벌써 같이 놀 수 있을 만큼 친해진 거야?"

은공 쌤이 깜짝 놀라 물었다.

"그 녀석 사람한테 곁을 잘 안 내주는데?"

"저한테는 둘째 날부터 배를 홀랑 보여 주던데요?"

"와, 대단하네, 유나."

은공 쌤이 진심으로 놀란 듯 감탄했다.

"자자, 다시 본론으로 돌아와서, 11시에 나랑 놀아 줄 사람?"

선우도 손을 번쩍 들었다.

"난 그림 그리는 시간이긴 한데, 친구를 위해 양보하지."

"역시 의리 있는 내 친구."

찬서가 선우를 향해 손가락 하트를 보냈다.

"쟤네 왜 저래? 언제부터 저렇게 친했어?"

소이가 찬서의 손가락 하트를 보며 진저리 치며 말했다.

"원래 친했어. 너도 내 손가락 하트 받고 싶어? 자~."

찬서는 소이에게도 눈을 찡긋하며 손가락 하트를 보냈다. 여자아이들이 오만상을 찌푸리며 버럭 소리를 질렀다.

"아, 눈 버렸어. 왜 저러는 거야, 진짜?"

소이가 눈을 가리며 진심으로 짜증을 냈다. 남자아이들이 재밌다는 듯 손뼉을 치며 웃었다.

"얘들아, 그러지 말고 오늘 우리 피구 대회할까?"

은공 쌤이 눈을 반짝이며 물었다.

"소이만 시간을 조정하면 될 것 같은데? 소이는 11시에 뭐하는 시간이야?"

"수학 공부요. 사실 김찬서가 손가락 하트만 안 날렸어도 같이 운동할 생각이었는데 생각이 바뀌었어요."

"앗, 허소이, 미안 미안. 취소 취소. 다시는 그런 거 안 보낼게. 시간 내주라, 응? 제발~."

찬서가 손까지 싹싹 빌며 소이에게 부탁했다. 소이가 새초롬하게 눈을 감고 생각하더니 봐줬다는 표정으로 승낙했다.

"좋아! 수학 공부는 오빠들 보는 시간에 하면 되니까, 오늘 하루만이다."

"대박! 허소이가 빅스타를 포기하고 피구를 택하다니, 내일 해가 동쪽에서 뜨는 거 아니야?"

찬서가 눈을 커다랗게 뜨며 흥분해서 외쳤다.

"바보야, 원래 태양은 동쪽에서 떠!"

아이들이 이구동성으로 외쳤다. 아이들과 은공 쌤이 한바탕 웃었다.

"좋았어! 그럼 오늘은 쌤이랑 마나님까지 합쳐서 여섯 명이 편 나눠서 피구대회다!"

"꺄악, 야호!!"

아이들이 서로 하이파이브를 하며 좋아했다.

사실 찬서는 매일매일이 혼자였다. 혼자서 핸드폰의 세계, 인터넷의 세계에 빠져 자유롭다고 느꼈다. 하지만 산골학당에서 아이들과 어울려 놀고 같이 공부하면서 누구와 함께하는 것도 즐겁다는 걸 알게 되었다. 어린 시절의 찬서는 친구가 많았고, 친구들이랑 매일 운동장에서 뛰어놀았다. 그랬던 찬서가 인터넷 세상에 갇혀 인터넷 세상만 최고로 아는 아이로 점점 변해 갔다. 찬서는 아이들과 함께 산골학당에서 시간을 보내면서 자신이 친구를 좋아하고, 친구들과 어울리는 걸 즐기는 사람이라는 걸 알게 되었다. 혼자 있는 것보다 이렇게 어울려 노는 게 훨씬 즐거웠다. 그렇다면 이렇게 사람들과 어울려 무언가를 함께하는 일이 찬서의 미래가 될 수도 있었다. 찬서의 생각은 아직 거기까지 미치진 못했지만, 자신이 혼자 있는 것보다 누군가와 함께 있는 걸 좋아한다는 사실은 알게 되었다. 그것만으로도 큰 수확이었다.

"얘들아, 쌤은 면적이 넓으니까 좀 봐주라. 맞출 확률이 높으니까 쌤은 좀 봐줘."

은공 쌤이 울상을 지으며 아이들에게 부탁하는 소리에 찬서가 크게 웃었다. 아이들도 "에이, 쌤, 그건 불공평하죠. 게임은 원래 공평한 거예요!"라면서 거세게 반대했다. 찬서는 그런 기분 좋은 아우성을 들으며 생각했다.

'그래, 나는 원래 이렇게 어울려 노는 걸 좋아하는 아이였어.'

7 오답 노트가 무엇인가요?

혹시 '오답 노트'라는 말을 들어 봤나요? 오답의 반대는 정답입니다. 그러니까 오답 노트란 말 그대로 틀린 문제의 오답을 모아서 공책에 정리한 것을 말합니다. 보통 여러분은 시험을 볼 때 틀린 문제를 또 틀립니다. 왜냐하면 정확하게 모르고, 대충 보고 넘어가기 때문입니다. 오답 노트를 만들어서 정리하면 내가 어떤 부분을 모르는지 알 수 있고, 그것을 집중해서 보면 나의 부족한 부분을 채워 나갈 수 있습니다. 학교에서 보는 단원평가뿐 아니라, 집이나 학원에서 문제집을 풀 때 틀리는 문제를 모아서 오답 노트를 만들어도 좋습니다. 그 오답 노트로 공부를 하거나 시험을 보기 전에 살펴보면 좀 더 꼼꼼하고 확실하게 대비할 수 있습니다.

단, 오답 노트를 만드는 것은 좋지만 이건 어디까지나 나의 공부에 도움이 되기 위한 목적입니다. 가끔 어떤 친구들을 보면 오답 노트를 꾸미느라 시간을 허비하는 경우가 있습니다. 오답 노트는 부모님이나 친구들에게 보여 주기 위해 만드는 게 아닙니다. 내가 어떤 문제를 틀리고 어려워하는지 알고, 그 부분을 보충하는 게 목적입니다. 그러니까 너무 시간을 많이 들여서 예쁘게 꾸밀 필요는 없습니다.

또한 오답 노트는 과목마다 따로 만드는 게 좋습니다. 그걸 계속 만들어 모아 놓으면 나만의 과목별 오답 노트가 됩니다. 그러면 나중에 본인이 부족한 부분을 한눈에 알 수 있고, 그 부분을 집중해서 보충하면 실력이 금방 향상됩니다.

지금 당장 오답 노트를 만들어 보세요. 처음에는 모든 과목을 다 만들지 말고, 본인이 자신 없는 과목부터 시작하세요. 해 보지도 않고 어렵다고, 못하겠다고 포기하지 말고, 일단 새 공책을 사서 시작해 보기 바랍니다.

8 스마트폰을 너무 사랑하는데 어쩌면 좋죠?

아마 많은 어린이들이 스마트폰을 가지고 있을 거예요. 그리고 그 스마트폰으로 게임을 하고 유튜브나 틱톡 영상을 시청할 겁니다. 사실 선생님도 유튜브를 하고 있는데 그러다 보니 스마트폰을 많이 봅니다. 스마트폰 게임은 하지 않지만 다른 유튜브 영상도 자주 보고, 뉴스도 스마트폰을 이용해서 찾아봅니다. 어쩔 수 없이 선생님도 스마트폰을 많이 사용하는 것 인정!

그런데 선생님은 이미 성인이고 뇌가 더 이상 발달하지 않습니다. 하지만 여러분은 앞으로 머리를 많이 쓰게 되고 두뇌도 계속 성장합니다. 그런데 스마트폰 게임이나 영상은 대부분 깊게 생각하지 않아도 되고 순간적으로 강한 자극을 줍니다. 그러면 사람의 뇌 앞쪽에 위치한 전두엽이 발달하지 못합니다. 전두엽은 생각하고 판단하는 중요한 기능을 담당하는 기관이죠. 우리 뇌에서 아주 중요한 부분입니다.

그런데 여러분이 스마트폰 게임을 하거나 유튜브나 TV를 볼 때는 생각하고 판단하는 전두엽이 작동하지 않습니다. 왜냐고요? 그 활동들은 많이 생각할 필요가 없고, 단순하고 즉각적으로 반응하게 만들기 때문이지요.

그러면 전두엽이 가장 활발하게 반응할 때는 언제일까요? 바로 책을 읽을 때입니다. 여러분이 스마트폰을 너무 사랑하는 것은 선생님도 이해합니다. 하지만 지나치게 많이 사용하면 전두엽이 발달하지 않고, 밤에 잠을 잘 못 자거나 눈이 나빠지며, 허리와 목에 문제가 나타나는 경우도 많습니다. 선생님 같은 어른들은 이미 두뇌와 몸의 성장이 끝나서 상관없습니다. 하지만 어린이들은 스마트폰보다는 책을 보는 게 좋습니다.

갑자기 스마트폰을 끊을 수는 없겠지만 내가 하루 동안 얼마나 사용하는지 시간을 기록해 본 뒤 차츰 사용 시간을 줄여 보세요. 그 시간에 운동을 하거나 다른 취미 활동을 해 보는 건 어떨까요? 생각보다 훨씬 재미있을 겁니다.

5장

혼공은 습관이다

내면의 힘을 찾은 아이들

산골학당에서의 생활도 8일이 흘렀다. 아이들은 놀라울 정도로 자신의 계획에 잘 적응했고, 무엇보다 목표로 세웠던 일도 거의 완수했다. 선우는 얼핏 보면 전보다 공부를 안 하는 것처럼 보였지만, 예전의 공부 수준으로 실력을 거의 끌어올렸고 무엇보다 밝아졌다. 선우는 자신이 내성적인 성격인 데다 무뚝뚝하다고 생각했지만 이곳에 와서 그렇지 않다는 걸 알았다. 찬서의 공이 컸다. 찬서처럼 자신과 정반대인 성격의 친구와 친하게 지내다 보니 때로는 까불고 농담을 하고 장난을 치는 게 그렇게 한심한 일은 아니라는 걸 알게 되었다.

은공 쌤을 보면서도 그런 생각이 들었다. 그렇게 공부를 많이 하고 똑똑한데도 은공 쌤은 항상 어딘가 허술해 보였다. 무언가를 잘 잃어버리거나 엉뚱한 곳에 물건을 놓고 다녀서 마나님이 구박을 하곤 했다. 게다가 아이들을 만나기만 하면 장난을 쳤다. 남자아이들을 한 바퀴 휘리릭 돌리거나 여자아이들이 주방에 들어오려고 하면 신사처럼 문을 열어 주며 정중하게 고개를 숙이기도 했다. 여자아이들은 그럴 때마다 함박웃음을 지었다.

"야, 여자애들은 저런 걸 좋아하나 봐. 오글거리는 거."

찬서가 선우의 귀에 대고 나지막하게 말했다.

"그것도 사람 나름이지. 니가 하면 쟤들이 좋아하겠냐?"

"이 좌식이, 솔직히 내가 쌤보다 잘생겼지."

"푸하하."

은공 쌤과 찬서 덕분에 선우는 딱딱하게 굳어 있던 마음이 부드러워졌다. 여자아이들과 이야기를 하는 데도 어려움이 없었다. 학교나 학원에서는 있을 수 없는 일이었다. 그리고 목표한 대로 짧은 만화 한 편도 완성했다. 만화는 사람 얼굴이나 자연을 그리는 것과는 달랐지만, 나름대로 재미있었다. 만화의 내용은 각기 다른 능력을 가진 네 명의 히어로가 지구를 침공한 거대 괴물과 싸우는 내용이었다. 만화를 은공 쌤에게 보여 주자, 은공 쌤은 선우를 향해 눈을 가늘게 뜨며 의심의 눈초리를 보냈다.

"왜 이 거대 괴물이 쌤을 닮은 것 같지?"

선우는 뜨끔했지만 아니라고 딱 잡아뗐다.

"아무리 봐도 쌤이랑 닮았는데…."

절대 아니라고 말했지만 은공 쌤은 의심을 거두지 않았다.

"기분은 나쁘지만 만화는 재밌다. 특히 이 노래 못하는 히어로는 누굴 닮은 것 같기도 하고."

"쌤, 모른 척해 주세요."

선우가 작은 목소리로 말했다.

"내가 모른 척해도 본인이 바로 알 것 같다."

두 사람은 크게 웃었고, 은공 쌤의 말대로 소이는 만화를 보자마자 그게 자신이라는 걸 알아챘다.

"장선우! 너 그렇게 안 봤는데 예술을 이해 못하는구나. 천사의 목소리를 몰라보고 고막을 찢는 소음이라니? 그래도 뭐, 이 히어로 얼굴은 맘에 들어. 괴물의 고막을 찢어 물리치는 설정도 좋고."

"와, 허소이 웃긴다. 누가 이 히어로가 너래? 뭘 보고 그렇게 확신해? 장선우한테 물어봤냐?"

찬서가 꼬투리를 잡지 않을 리가 없었다.

"예쁜 거 보니까 딱 봐도 난데, 뭘."

"맙소사, 진짜 고막을 찢는 말이다."

두 사람은 또 달아나고 쫓아가며 티격태격 소란을 피웠다. 선우는 아무 말도 하지 않았다. 무슨 말을 하든 두 사람한테 야유

를 들을 게 뻔하니까.

그렇게 선우의 첫 만화는 산골학당 모든 사람에게 찬사를 받았고, 그건 선우에게 큰 선물이었다. 하지만 엄마에게는 선물이 아니라 폭탄일 게 뻔했다. 어쩌면 엄마는 선우가 그림 그리는 걸 싫어할지도 모른다. 엄마는 오로지 공부 공부, 의사 의사를 외치는 사람이니까. 하지만 선우는 엄마의 잔소리쯤은 웃어넘길 수 있었다. 그리고 앞으로 공부 또한 소홀히 하지 않을 테니 엄마도 특별히 할 말은 없을 것이다. 그건 모두에게 행복한 결말이었다. 엄마는 다시 예전의 모습으로 돌아온, 아니 어쩌면 예전과 달라진 선우를 보며 흐뭇해할 테니까.

그건 유나도 마찬가지였다. 자신감이 없어서 밖에 나가면 늘 주눅이 들어 있거나 사람들 눈을 마주 보지 못하던 유나는 이제 거리낌 없이 아이들과 대화를 나누었다. 자기는 사람보다 동물이 더 좋다고 일기장에 쓰곤 하던 유나였는데, 이제는 언제 그런 생각을 했었나 기억도 나지 않았다. 부모님이 놀라 엉덩방아를 찧을지도 모를 일이었다.

대인 관계에서 온 자신감은 공부에두 그대로 반영되어 유나의 수학 문제집에는 비가 아닌 눈이 더 많이 내렸다. 동그라미가 훨씬 많았다. 물론 4학년 수학이었지만, 4학년 때도 이렇게 잘하진 못했다. 그러다 보니 오답 노트를 쓸 일도 거의 없었고,

시간도 여유로워졌다. 잠까지 줄다 보니 오후 시간에는 유나가 하고 싶은 일을 마음껏 할 수 있을 정도로 시간이 남았다. 그 시간에 유나는 책을 읽었다. 보통 동물이나 자연, 수의사와 관련된 책이었다. 집에서는 엄마가 그렇게 책 좀 읽어라 읽어라 해도 안 읽었는데 산골학당에 와서 무려 다섯 권의 책을 읽었다. 어떤 날은 아예 낮잠을 자지 않고 노루와 놀기도 했다. 그러다 보니 고양이의 특이한 습성을 발견하게 됐고, 그런 걸 노트에 적어 두거나 인터넷에서 찾아보기도 했다. 고양이 그리는 법을 선우에게 배우기도 했다. 물론 그게 고양이인지 우주 괴물인지는 잘 구분이 안 갔지만 말이다.

 소이의 하루도 바쁘게 흘러갔다. 집에 있을 때 소이는 하루가 길다고 느꼈다. 하는 일이 별로 없으니 시간이 길 수밖에 없었다. 하지만 산골학당에서는 1시간 단위로 움직이다 보니 시간도 빠르게 흘렀다. 시간을 잘 쪼개서 쓰니 영어 단어를 외우거나 수학 공식을 공부할 때 자투리 시간을 이용할 줄도 알게 되었다. 아침에 일어나서 가벼운 운동을 하고 난 뒤라든가 간식을 먹고 나서 남은 시간, 화장실에 앉아 있는 시간 등을 이용할 줄 알게 된 것이다. 외운 단어나 공식은 방에 돌아와 노트에 따로 정리했다. 그리고 10개가 쌓이면 다시 복습하면서 아예 머리에 새겨 넣었다. 물론 그런 자투리 시간까지 계획표에 써 넣지는 않았다. 그것까지 계획이 되다 보면 부담스러울 것 같았기 때문이다. 시간이 되면 이를 닦고 세수를 하는 것처럼 습관을 들여 봐야겠다고 생각했다.

그럼에도 한 가지 변하지 않은 건 빅스타를 향한 덕질이었다. 덕질 시간은 많이 줄었지만 그 줄어든 시간만큼 소이는 더 짧고 강하게 덕질에 집중했다. 노래도 더 크게 따라 부르고, 가끔 빅스타 팬클럽의 구호를 크게 외치기도 했다. 아이들은 소이의 휴식 시간인 1시가 되면 자연스럽게 자리를 뒤채로 옮기거나 이어폰

을 꽂았다. 하지만 그 시간은 세 명의 아이들이 공부하는 시간이라 특단의 조치를 취할 수밖에 없었다. 한옥은 방음이 전혀 안 되는 구조라 어쩔 수 없는 일이었다.

"소이는 1시부터 2시까지 쌤을 따라 밭에 가자."

"왜요?"

은공 쌤의 제안에 소이가 고개를 갸웃하며 이유를 물었다.

"지금 민원이 폭주하고 있어. 옆집 사람들이 너무 시끄러워서 이사를 가야겠대. 근

데 너도 알다시피 계약일은 정해져 있으니 그 전에 나갈 수도 없잖아. 그러니까 소음을 일으키는 당사자가 문제를 해결해야지."

"그래서 저를 쫓아내시는 거예요?"

소이가 울먹이는 시늉을 냈다.

"쌤이 밭일을 하는 동안 노동요로 불러 주렴."

"노동요?"

"쌤은 일하고 소이는 옆에서 마음껏 노래하는 거지. 쌤도 빅스타 노래 좋아하고, 빅스타 노래 거의 아니까 같이 부르면 좋지 않을까? 일도 힘들지 않고."

"오~, 너무 좋은 생각이에요, 쌤."

소이가 박수를 짝짝 치며 좋아했다. 그다음 날부터 한옥에는 평화와 고요가 찾아왔다. 아이들은 뒤채로 이사를 가지 않아도 되었고, 이어폰을 꽂을 필요도 없었다. 하지만 희미하게 노랫소리가 들려오긴 했다. 게다가 이번에는 듀엣이었다.

"쌤 목소리 맞지?"

선우가 귀를 기울이며 아이들에게 물었다.

"밭이 멀어서 다행이다."

찬서가 한숨을 내쉬며 말했다. 선우와 찬서와 유나가 새로 결성된 듀엣을 싫어하거나 말거나 두 사람은 세상에서 가장 신나게 노래를 불렀다.

"오오오, 나는 너를 라이크, 너의 사랑을 찾아 노래를 불러. 오오오. 오오오, 나는 너를 러브, 너의 마음을 찾아 노래를 불러. 오오오."

산골학당을 떠나기 하루 전

    10일 계획표의 마지막 날이 되었다. 처음에는 언제 집으로 돌아가나 싶었던 하루하루가 어느덧 훌쩍 지나가 버렸다. 그날 아침, 아이들은 묘한 기분을 느꼈다. 오늘 하루도 어제처럼 보내야 계획을 성공적으로 마칠 수 있었지만 어쩐지 마음이 싱숭생숭했다. 아침 일찍 일어나 툇마루에 쪼르르 앉은 아이들은 아무 말 없이 멍하니 넋을 놓고 있었다.

    "우리 엄마가 맨날 아빠 보고 미운 정 고운 정 다 들었다고 그러더니, 내가 딱 그 마음이야"

    유나가 먼저 말문을 열었다.

    "진짜 되게 서운하다. 우리 안 지 얼마되지도 않았는데."

    선우도 맥 빠진 목소리로 말했다.

"난 사실 집에 간다는 게 좋기는 해. 내 침대도 그립고, 침대 위에 붙은 오빠들 포스터도 보고 싶어. 근데….."

소이의 말에 찬서가 소이를 노려보았다.

"심장이 차가운 인간."

"아니, 말을 끝까지 들어보라고! 근데 집에 가고 싶은 만큼 여길 떠나는 것도 아쉬워."

"맞아. 그게 딱 내 심정이야."

유나도 고개를 끄덕이며 말했다. 네 명은 동시에 "에휴~." 한숨을 내쉬었다.

"너네 나한테 전화할 거냐?"

찬서가 불쑥 아이들을 향해 물었다. 그런데 찬서의 질문에 마치 약속이라도 한 듯 아무도 대답을 안 했다. 그러자 찬서가 발끈해서 소리쳤다.

"야!!"

그제야 아이들이 참았던 웃음을 터뜨렸다.

"하지, 하지. 핸폰 중독에서 잘 벗어나고 있는지 확인 전화해야지."

선우가 웃으며 찬서의 팔을 툭 쳤다.

"너네는?"

찬서가 여자아이들을 바라보며 재차 물었다.

"흠…. 그 썰렁한 아재 개그만 안 하면 한번 생각해 볼게."

소이가 새침하게 말했다.

"맞아. 속마음을 불쑥불쑥 말하는 그 버릇도."

유나도 뾰로통하게 말했다.

"야, 그건 나만의 개성이야. 너네는 왜 있는 그대로의 나를 인정하지 못하냐?"

"우리야 그게 장난인 걸 알지만 처음 보는 사람한테 잘못 말했다간 너 뺨 맞을지도 몰라. 우리야 워낙 인품이 훌륭하니까…."

찬서가 소이의 말을 중간에 자르며 말머리를 돌렸다.

"근데 은공 쌤 참 좋으신 분이야, 그치?"

아이들 모두 "응!" 하며 큰 소리로 동의했다. 그러고는 다시 네 명의 입에서 동시에 "에휴~." 하는 한숨 소리가 새어 나왔다.

"우리 여기 떠나면 다시는 쌤 못 만날까?"

찬서의 물음에 아이들이 정색을 했다.

"왜 못 만나! 난 중학교 가고 고등학교 가고 대학교 갈 때마다 쌤 찾아올 거야."

유나가 다짐이라도 하듯 말했다.

"나도 나도. 난 쌤한테 내 결혼식 주례 부탁드릴 거야."

소이가 꿈을 꾸듯 눈을 감고 행복한 상상에 빠져들었다. 그 모습을 보던 찬서가 부르르 몸을 떨었다.

"어휴, 징그러. 왜 저래?"

"우리 이러고 있다가는 마지막 일과 다 망쳐 버리겠다. 빨리빨리 움직이자."

선우가 벌떡 일어서며 아이들에게 말했다. 찬서와 소이와 유나도 몸을 일으켰다.

"유종의 미 몰라? 마지막 날에 쌤 실망시키지 말자고!"

선우의 독려에 아이들은 각자 계획표대로 움직이기 시작했다. 서운한 마음이야 가득했지만 그래도 할 일은 해야 했다.

산골학당에서의 마지막 날은 그렇게 아이들의 깊은 한숨으로 시작됐다. 아이들은 이상하게 요동치는 마음을 붙잡고 공부를 하고, 그림을 그리고, 운동을 하고, 책을 읽었다. 이제는 투정을 부리거나 싫증을 내는 아이들도 없었다. 아이들은 마치 그 일들이 몸에 밴 듯 척척 해 나갔다.

은공 쌤은 마지막 날이라고 특별한 이야기를 건네지 않았다. 어차피 산골학당에 머무르면서 은공 쌤의 얼굴을 본 건 그리 많지 않았다. 가끔 불쑥불쑥 나타나 한마디 툭 하고 사라지거나 아이들이 공부하는 모습을 구경하다가 알게 모르게 사라지는 게 다반사였고, 은공 쌤의 얼굴을 보면서 이야기를 나눌 시간은 9시부터 시작되는 면담 시간뿐이었다.

그날도 별반 다르지 않았다. 은공 쌤은 밭일로 하루 종일 바빴고, 이제 아이들은 습관처럼 일과가 익숙해져서 특별히 은공 쌤의 도움이 필요하지 않았다. 은공 쌤은 여느 날과 똑같이 식단을 지키며 식사를 했고, 간식 시간에는 고구마를 우적우적 씹으며 아이들을 흐뭇하게 바라보았다. 아이들이 평상시와 너무 똑같은 은공 쌤에게 서운한 감정을 숨기지 못하는 것과 다르게 은공 쌤은 감정의 변화가 없어 보였다.

간식을 먹고 잠깐의 시간 여유가 생겼을 때 아이들은 대청마루에 앉아 그런 은공 쌤에게 서운함을 쏟아 내기 시작했다.

"쌤은 어쩜 저럴 수가 있지?"

소이가 제일 먼저 불만을 터뜨렸다.

"그러니까 말야. 우리랑 헤어지는 게 아무렇지도 않으신가 봐. 오히려 싱글싱글 웃으셔."

유나도 서운한 감정을 숨기지 못하고 말했다.

"쌤 그렇게 안 봤는데 차가운 분이었어!"

찬서도 동조했다.

"설마 정말 아무렇지도 않으시겠냐. 그냥 감정을 숨기시는 거겠지."

선우가 아이들을 달랬다.

"아니! 우리보다 고구마를 더 많이 보시던데?"

소이가 발끈했다.

"정말 서운해. 그래도 난 은공 쌤 많이 좋아했는데."

유나도 입을 삐죽이면서 말했다.

"쌤이 바빠서 그런 거지. 농사일이 엄청 바쁘다고 어제 그러셨잖아."

선우가 또다시 은공 쌤을 변호했다.

"야, 장선우! 너는 판사냐? 왜 자꾸 쌤을 감싸는 건데!"

"판사가 아니라 변호사겠지."

선우의 지적에 아이들이 푸하 웃음을 터뜨렸다.

"넌 언제쯤 그 무식의 늪에서 벗어날 수 있을까, 응?"

선우가 찬서의 어깨를 잡으며 말했다.

"무식해서 그런 게 아니라 단어를 까먹어서 그런 거지!"

찬서가 더듬거리면서 변명했다. 선우가 그렇게 치자며 고개를 끄덕였다.

"쌤도 저렇게 나오는데, 억울하게 우리만 서운해하고 속상해할 필요 있냐? 우리도 지금부터 쌤을 본체만체하자."

찬서가 괜한 오기를 부렸다. "그래, 그러자." "맞아, 맞아." 소이와 유나도 마음에 없는 소리를 했다. 그러다 보니 저녁 시간에는 분위기가 더 어색했다. 마나님도 "아니, 오늘 다들 왜 이래? 분위기가 왜 이래?"라고 한마디 할 정도였다.

"왜? 뭐가 이상하다는 거요? 난 오늘따라 밥이 더 맛있어서 음미하면서 먹고 있는 중인데. 현미밥은 꼭꼭 씹어 먹을수록 고소하단 말이지. 안 그러니 얘들아?"

은공 쌤이 정말 멀쩡한 얼굴로 아이들에게 물었다. 하지만 아무도 대답하지 않았다. 은공 쌤은 대답을 하거나 말거나 신경도 쓰지 않고 눈을 감고 밥을 꼭꼭 씹어 먹었다. 아이들은 은공 쌤을 보며 입을 삐죽거렸다. 그렇게 어색했던 저녁 식사 시간도 지나고 아이들은 마지막 일과를 모두 마쳤다. 9시가 조금 넘었을 때 안방에서 은공 쌤이 큰 소리로 아이들을 불렀다.

"얘들아, 공부일기장이랑 평가표 가지고 다들 들어와라."

아이들은 깜짝 놀랐다. 언제나 일대일로 면담을 했는데 갑자기 다 같이 들어오라고? 아이들은 고개를 갸우뚱하면서 방문을 빼꼼히 열었다.

"지금 쌤이 다 같이 들어오라고 하신 거야?"

찬서가 물었다. 아이들이 고개를 끄덕였다. 공책을 끌어안은 아이들이 하나둘 자기 방에서 나왔다. 선우가 앞장서서 안방문을 열었다. 그 뒤로 아이들이 조르르 방 안으로 들어갔다.

책상 앞에 앉은 은공 쌤은 아이들을 그윽하게 올려다보다가 앉으라며 손짓을 했다. 아이들이 일렬로 자리에 앉았다. 은공 쌤은 한동안 말이 없었다. 그러더니 손짓으로 공책과 평가표를 가져오라고 했다. 아이들은 말없는 은공 쌤을 이상하게 여기며 은공 쌤의 책상 위에 각자의 공부일기장과 평가표를 올려놓았다. 쌤은 한동안 그것들을 멍하니 바라보다가 한 쪽씩 펴서 찬찬히 읽었다. 하지만 다른 날처럼 질문을 하거나 꼼꼼하게 검토하지는 않았다. 그저 고개를 끄덕이며 공부일기장을 읽을 뿐이었다.

15분쯤이 지났을까. 공부일기장과 평가표를 다 살펴본 쌤이 고개를 들어 아이들을 바라보았다. 그런데 놀랍게도 은공 쌤의 눈에 눈물이 가득 맺혀 있었다.

"쌤, 우세요?"

소이가 깜짝 놀라 물었다.

"이제 너희들의 공부일기장은… 크흡… 나무랄 데가 없을 만큼… 크허헝… 훌륭하다…. 다 너희들이 스스로 해낸 일이지… 크흐흐흑…."

쌤이 눈을 가리고 어깨를 떨며 이상한 울음소리를 냈다. 그러자 여자아이들도 쌤을 따라 울기 시작했다. 그 울음소리에 남자아이들도 더 이상 참지 못하고 울음을 터뜨렸다.

"으아앙, 쌤, 울지 마세요, 왜 우세요…. 으아앙."

찬서가 꺽꺽 울며 간신히 말을 이었다. 방 안은 온통 울음소리뿐이었다. 거의 통곡 수준이었다. 그때 문이 벌컥 열리며 마나님이 방에 들어섰다.

"또 시작이네, 저 사람이. 또 시작이야!"

마나님은 준비해 온 수건으로 은공 쌤의 얼굴을 벅벅 닦았다. 은공 쌤은 마치 어린아이처럼 얼굴을 마나님한테 맡긴 채 서럽게 울었다. 마치 맛있는 사탕을 갑자기 뺏긴 아이 같았다.

"내가 이럴 줄 알고 대기하고 있었지. 아니, 애들이 떠날 때마다 이렇게 울면 어떡해요? 가는 애들 마음 안 좋게!"

마나님이 아들을 야단치듯 은공 쌤을 향해 큰 소리를 냈다.

"눈물이 나는 걸 어떡해."

가까스로 울음을 진정시킨 은공 쌤이 훌쩍거리면서 간신히 말했다.

"그만 좀 울어요, 그만 좀! 또 울면 학당이고 뭐고 내가 아무것도 못하게 할 거야!"

마나님의 말이 끝나자마자 아이들이 동시에 외쳤다.

"그건 안 돼요!!!"

마나님이 깜짝 놀라 아이들을 바라보았다. 눈물 콧물 범벅이 된 아이들 모두가 단호한 표정을 짓고 있었다.

"그건 안 돼요, 마나님. 제 아이들도 여기 입학시킬 거예요."

눈이 퉁퉁 부은 소이가 말했다.

"이 녀석아, 니 아이가 여기 입학할 때면 쌤은 칠십 할아버지야!"

"그래도 안 돼요. 아무튼 안 돼요!"

소이가 바락바락 소리를 질렀다.

"어휴, 알았다, 소이야. 내가 그냥 해 본 말이지. 너네 쌤도 학당 없으면 사는 재미가 없을 텐데. 알았으니까 다들 그만 울어!"

마나님이 난감한 표정으로 말했다. 마나님의 한숨 소리가 방 안을 맴돌자 한강만큼 눈물을 흘리던 은공 쌤이 울먹이는 목소리로 입을 떼었다.

"얘들아⋯."

아이들이 발개진 눈으로 은공 쌤을 바라보았다.

"집에 돌아가서도 여기서 익혔던 것들, 여기서 생각했던 것들, 너희들 스스로가 너희들 안에서 찾았던 그 모든 것들을 잊으면 안 된다⋯."

은공 쌤의 목소리가 다시 떨려 오고 있었다.

"안 돼, 안 돼, 여보, 그만 울어! 혈압 올라!"

마나님의 만류도 소용없었다. 은공 쌤의 눈에는 이미 눈물이 차오를 대로 차올라 있었다.

"그리고 쌤도 잊으면 안 된다⋯ 크허허헝⋯."

은공 쌤의 울음보가 다시 터지자 아이들도 또다시 따라 울었다. 아이들은 "쌤~"이라고 외치며 은공 쌤에게로 다가갔다. 은공 쌤과 아이들은 서로를 끌어안으며 더 크게 울었다.

"얘들아, 쌤을 잊으면 안 된다."

"쌤도요. 쌤도 저희들 잊으시면 안 돼요."

은공 쌤과 아이들의 이별은 차마 눈 뜨고는 보지 못할 명장면이었다. 방 안의 모든 사람이 울고 있었지만 단 한 사람, 마나님만 어처구니없다는 표정으로 그들을 바라보았다.

"아주 영화를 찍네, 영화를 찍어."

마나님은 고개를 절레절레 저으며 방을 나갔다. 더 이상 말려 볼 수 있는 상황이 아니었다. 그렇게 은공 쌤과 아이들의 마지막 밤은 눈물과 콧물로 범벅이 되었다.

산골학당, 안녕

　아이들은 한바탕 울고 나서 약간 머쓱해진 기분으로 각자의 방으로 돌아왔다. 뭘 그렇게까지 울었나 싶은 생각이 들었지만, 어쩐지 속이 후련해진 기분도 들었다. 아이들은 산골학당에서 공부하고 읽고 썼던 모든 것들을 소중히 챙겨 짐을 쌌다.

　다음 날에도 아이들은 8시에 번쩍 눈을 떴다. 아이들은 '집으로 돌아가서도 여기에서처럼 규칙적으로 생활할 수 있을까?' 하고 생각했다. 하지만 걱정하지 않았다. 계획은 다시 짜면 된다. 지킬 수 있는 계획으로 말이다. 아이들 스스로가 되고 싶은 사람이 될 때까지 계획은 수십 번 고쳐지고 새로 짜일 게 분명하다. 아이들은 이제 확실하게 자신을 믿고 스스로에게 자신감이 생겼기 때문에 앞으로 어떤 일이 일어나도 불안하거나 걱정스럽지 않았다.

　은공 쌤이 치는 종소리를 들으며 아이들은 이부자리를 반듯하게 정리했고, 각자의 방을 깨끗이 쓸었다. 부모님들은 모두 10시에 도착하기로 되어 있었기 때문에 마나님이 지어 주는 마지막 아침밥을 먹을 수 있었다. 처음에는 시금치며 고사리, 아욱국, 청국장 같은 음식이 입에 맞지 않았던 것도 사실이었다. 집에서는 항상 스팸이나 소시지, 라면 같은 음식을 입에 달고 사니까 말이다. 피자나 햄버거도 일주일에 서너 번씩 먹었지만 이곳에서는 라면만 일주일에 한 번 먹었고, 햄버거나 피자는 한 번도 먹지 못했다. 하지만 아침 일찍 일어나 규칙적인 생활을 하다 보니 어떤 반찬도 맛있었다. 은공 쌤이 고구마나 당근을 그렇게 맛나게 먹는 것도 이해가 될 정도였다.

　아이들은 아침밥을 깨끗이 비운 뒤 마당으로 나왔다. 그런데 이게 어쩐 일인가! 마당에는 이미 부모님들이 도착해 도란도란 이야기를 나누고 있었다. 엄마 아빠가 함께 온 친구도 있었고, 엄마나 아빠만 온 친구들도 있었다. 아이들은 꺄악 소리를 지르며 부모님을 향해 달려갔다. 곳곳에서 펑펑 엉덩이 두드리는 소리가 들렸다.

　"어이구, 우리 소이 살찐 것 봐. 너무 보기 좋다."
　"엄마, 보자마자 그런 기분 나쁜 소리 하기야?"

"아니, 아빠가 보기에도 너무 좋은데. 여기서 좋은 음식 먹고 잘 자니까 살이 쪘나 보다. 집에서는 맨날 떡볶이 아니면 초콜릿, 젤리, 과자…."

"아빠, 그만 그만! 이젠 예전의 허소이가 아니라고. 초콜릿이 뭔데? 과자가 뭐야?"

"하하하, 그 말 얼마나 가나 보자."

소이 아빠가 호탕하게 웃었다. 소이의 말을 믿지는 않았지만 밝은 모습이 너무나 보기 좋았다. 그때 은공 쌤이 마당에 의자를 놓기 시작했다.

"부모님들, 모두 자리에 앉아 주세요. 우리 아이들이 소감 한 마디씩 하겠답니다."

은공 쌤의 말에 따라 부모님들이 모두 의자에 앉았다. 아이들은 술렁대기 시작했다.

"무슨 소감? 우리가 언제 소감 말하기로 했어?"

소이가 유나에게 속삭였다.

"아니 그런 적은 없는데, 그렇다고 못할 건 뭐야."

유나가 나직한 목소리로 대답했다.

"그래, 그까짓 거 그게 뭐라고."

소이와 유나가 서로를 보며 웃었다.

"자, 우리 아이들은 모두 앞으로 나오시고."

 은공 쌤이 들뜬 목소리로 말했다.
 "한 명씩 산골학당 생활에 대해 부모님들께 짧게 브리핑해 보자. 누가 먼저 할까?"
 "저요!"

소이가 손을 번쩍 들었다. 부모님들 사이에서 "와~." 하는 탄성이 나왔다. 소이 아빠는 괜히 어깨가 올라가는 기분이었다. 저렇게 자발적으로 손을 들고 발표를 하겠다고 나서는 소이의 모습은 한 번도 본 적이 없었다.

"우선 산골학당에 보내 주신 부모님께 큰 감사를 드립니다."

소이가 허리를 깊이 숙여 인사를 하자 부모님들 사이에서 박수가 쏟아졌다.

"저는 처음에 이곳이 정말 싫고 쌤은 납치범이 아닐까 의심했어요. 웃지 마세요. 솔직히 처음 쌤을 봤을 땐 정말 무서웠거든요. 하지만 쌤은 제가 지금까지 만난 쌤들 중에 최고셨습니다. 잊지 못할 거예요. 그리고 제 안에 저를 바꿀 수 있는 큰 힘이 있다는 것도 알려 주셨어요. 우리 빅스타 오빠들 노래도 같이 불러 주시고, 저를 있는 그대로 인정해 주셨어요. 정말 감사합니다. 제 결혼식 때 꼭 주례 서 주셔야 해요."

부모님들 사이에서 큰 웃음이 터졌다. 다음은 유나 차례였다.

"잠보인 제가 이렇게 아침 일찍 일어나서 남들처럼 똑같이 움직이고 있다는 것 자체가 기적이라고 생각해요."

유나의 소감에 유나 아빠가 크게 웃었다.

"저는 제가 잘하는 게 하나도 없다고 생각했어요. 공부도 못하고, 그래서 친구 사귈 자신도 없었거든요. 그런데 여기에서 이렇게 좋은 친구들을 얻었고, 저도 하면 할 수 있다는 걸 알았어요. 저도 충분히 바뀔 수 있고, 또 괜찮아질 수 있다는 것도 알았어요. 그런 자신감을 심어 주신 은공 쌤에게 감사드립니다."

유나는 은공 쌤을 보며 마음을 담아 정중하게 인사를 했다.

마음이 담긴 인사에 부모님들 모두 큰 감동을 받았다.

"저는 핸폰이 없으면 죽는 병에 걸리는 애였어요."

찬서의 부모님이 미소를 지으며 크게 고개를 끄덕였다.

"그게 없으면 불안하고 막 짜증이 났거든요. 근데 그건 제 착각이었어요. 핸폰이 없어도 저는 죽지 않더라고요."

"우와, 우리 찬서 최고!"

찬서 아빠가 정말 기쁜지 엄지손가락을 치켜들며 찬서에게 응원을 보냈다.

"저는 아직 제가 좋아하는 게 뭔지, 어떤 사람이 되어야 하는지 잘 모르겠어요. 하지만 그걸 찾을 용기를 배웠어요. 은공 쌤과 여기 있는 친구들 덕분입니다. 고맙다, 얘들아. 그리고 감사합니다, 쌤."

찬서가 은공 쌤과 아이들에게 손가락 하트를 날렸다. 이번에는 유나와 소이도 진저리를 치지 않았다.

"와, 우리 선우다, 선우! 우리 아들, 파이팅!"

선우 엄마의 요란한 응원에 부모님들이 빵 터졌다.

"예, 저희 엄마십니다. 항상 저러시죠. 하지만 저희 엄마니 어쩌겠어요. 받아들여야죠."

선우의 덤덤한 말에 선우 엄마가 꺅 소리를 지르며 박수를 쳤다. 그 모습을 보고 다른 부모님들이 크게 웃었다.

"우리 아들이 저렇게 유머러스하고 재치가 넘쳐요. 어휴, 누가 낳았을까, 정말~."

선우 엄마의 말에 옆에 앉은 소이 엄마가 함께 웃어 주었기에 망정이지 안 그랬으면 정말 분위기가 썰렁해질 뻔했다.

"저는 꼭 공부가 아니어도 괜찮다는 걸 여기 와서 배웠어요."

"어머, 아들! 그게 무슨 소리야? 공부가 최고지 그게 무슨 소리니?"

선우 엄마가 깜짝 놀라 끼어들었지만 선우는 들은 척도 하지 않고 말을 이어 나갔다.

"꼭 공부에서 최고가 되지 않아도 된다는 걸 배웠어요."

"쟤는 저게 무슨 소리야?"

선우 엄마가 정말 못 알아듣겠다는 듯 말했다.

"공부의 이유를 먼저 찾으라고 말씀해 주신 은공 쌤에게 감사드립니다. 아무도 저한테 그런 얘길 해 주지 않았거든요. 그리고 세상엔 참 다양한 사람들이 있고, 그 사람들이 저마다 존중받아야 한다는 것도 여기서 배웠어요. 이 친구들을 보면서요. 너희들한테도 고맙다. 저는 집으로 돌아가면 예전의 장선우가 아닐지도 몰라요. 하지만 더 나은 장선우가 되기 위한 변화니까 엄마는 이해하고 잔소리하지 마세요!"

선우가 인사를 꾸벅하자 부모님들 사이에서 환호성과 박수가 터져 나왔다.

"어머, 진짜 훌륭한 아들을 두셨네요. 똑소리 나게 말 잘하는 거 보세요."

찬서 엄마가 진심으로 말했다. 하지만 선우 엄마는 선우가 무슨 소리를 하는지 도통 알 길이 없었다.

"아, 네, 그렇죠. 우리 아들이 좀 잘나기는 했는데…."

그때 은공 쌤이 앞으로 나왔다.

"이 먼 곳까지 귀한 아이들을 믿고 맡겨 주셔서 고맙습니다. 아이들은 모두 내면에 자신을 바꿀 힘을 가지고 있습니다. 겸손하려고 하는 말이 아니라, 저는 정말 한 게 아무것도 없어요. 아이들 스스로가 다 했죠. 아, 저는 다이어트에 도전하기는 했네요."

"와, 쌤, 다이어트 성공하셨어요?"

"정말 그걸 확인 안 했잖아. 쌤, 성공하셨어요?"

"솔직히 말씀하셔야 돼요!"

"쌤, 성공이에요, 실패예요?"

아이들이 와글와글 시끄럽게 물었다. 은공 쌤이 씨익 미소를 지으며 브이 자를 해 보였다. 성공이었다. 아이들이 "와아~." 하며 박수를 쳤다. 부모님들도 덩달아 박수를 쳤다.

"아이들 덕분에 드디어 다이어트에 성공했습니다. 목표를 초과 달성해서 무려 4킬로그램을 뺐죠, 하하하하. 매일매일 생고구마와 생당근을 씹어 먹었지만 아이들이 자기 목표를 차근차근 달성해 나가는 모습을 보면서 저도 자극받아 열심히 계획을 지켰고, 이렇게 성공했습니다."

"축하합니다, 쌤~!"

부모님들이 입을 모아 축하를 건넸다.

"'여기서는 잘했어도 집에 가면 며칠 있다가 예전의 아이로 돌아가는 거 아냐?'라고 걱정하는 부모님이 계실지도 모르겠는데, 아이들을 믿어 주세요. 자신이 얼마나 큰 힘을 가지고 있는지 경험한 아이들은 절대로 실패하지 않습니다. 저랑 약속해 주신다고 크게 외쳐 주세요. 아이들을 믿으십니까?"

"믿습니다!"

부모님들이 입에 손을 모으고 크게 외쳤다. 아이들은 그런 부모님들을 보며 환하게 웃었다.

"자, 이제 정말 헤어져야 할 시간이네요. 그전에 제가 아이들에게 준비한 선물이 있어요."

은공 쌤이 네 권의 예쁜 노트를 가져왔다.

"이건 너희들과의 첫 만남에서부터 마지막 날까지의 모습을 기록한 노트야. 이걸 읽으면 너희들이 이곳에서 어떤 시간을 보냈고, 너희들이 어떤 사람인지 알 수 있을 거야. 너희들의 앞날에 힘찬 응원가가 되길 바라는 마음으로 썼다."

은공 쌤은 아이들 한 명 한 명에게 노트 한 권씩을 전달했다. 뜻밖의 선물을 받은 아이들의 눈가가 촉촉하게 젖어 들었다.

"안 돼, 안 돼, 얘들아 절대 울지 마. 어제와 같은 상황이 또 일어나면 절대 안 돼!"

찬서가 황급하게 소리를 질렀다. 유나는 울지 않으려고 하늘을 보며 눈을 빠르게 깜박였고, 찬서는 "아아아아아." 하면서 의미 없는 소리를 질렀다. 선우는 억지 웃음을 지으며 울음을 참았고, 소이는 빅스타의 노래를 부르면서 춤을 췄다.

"오오오, 나는 너를 라이크, 너의 사랑을 찾아 노래를 불러. 오오오."

아이들과 은공 쌤의 모습을 보는 부모님들도 왠지 마음이 뭉클해졌다.

"자, 얘들아! 이제 진짜 떠나야 할 시간이다. 어서 차에 타."

은공 쌤은 눈물을 흘리지 않으려고 눈을 끔벅이며 아이들을 닭 쫓듯 마당에서 몰아냈다. 부모님들 앞에서 어제처럼 울어서는 절대 안 될 일이었다.

은공 쌤과 마나님, 아이들과 부모님들까지 모두 대문 밖으로 나오니 대문 앞이 시장통처럼 북적거렸다. 부모님들은 은공 쌤과 마나님에게 허리 숙여 인사를 했다. 아이들은 떨어지지 않는

발걸음으로 은공 쌤 옆에서 쭈뼛거렸다.

"얘들아, 요즘은 영상 통화도 쉽게 할 수 있으니까 이러지 말고 빨리 가. 쌤은 어제처럼 울고 싶지 않다."

은공 쌤이 억지로 울음을 참고 있는 아이들에게 훠이훠이 손짓을 했다. 소이가 말했다.

"쌤, 우리가 가도 다이어트 열심히 하셔야 돼요."

"밭일하실 때는 꼭 선크림도 바르시고 모자도 쓰세요."

유나가 당부했다.

"고구마만 드시지 말고 가끔은 치킨도 드세요. 치킨은 사랑이니까요."

찬서가 부탁했다.

"전화하면 받아 주세요."

선우가 말했다. 쌤은 울음을 참느라 대답도 못하고 고개만 크게 끄덕였다. 아이들은 울기 싫어서 허리 숙여 인사를 하고는

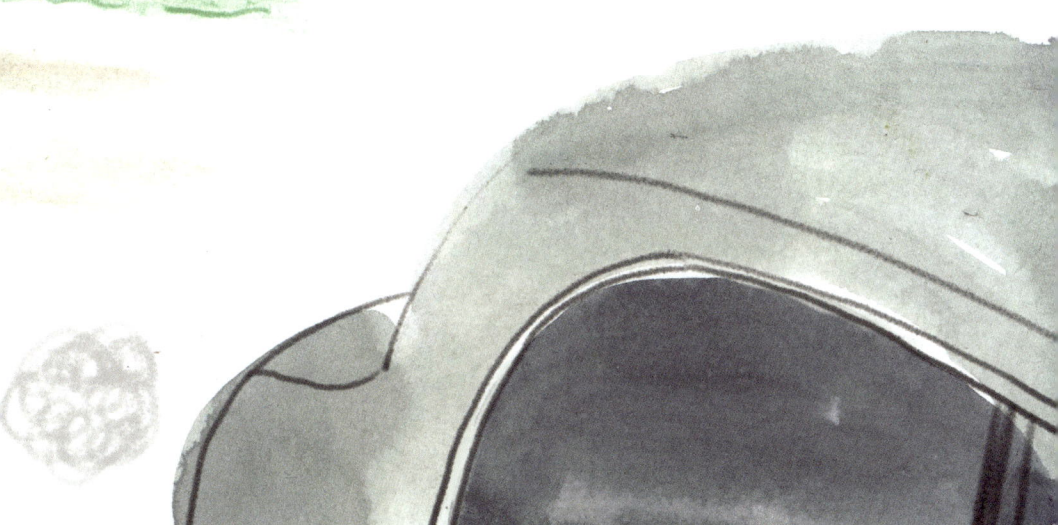

뒤도 돌아보지 않고 차에 올라탔다. 은공 쌤은 마나님이 건넨 손수건으로 입을 막고 차를 향해 손을 흔들었다. 아이들이 창문을 내리고 목소리를 높여 은공 쌤에게 감사 인사를 건넸다.

"쌤, 정말 정말 감사했어요! 산골학당 훈장님으로 영원히 남아 주세요~!"

아이들의 외침이 산자락에 부딪쳤다가 은공 쌤의 귓가에 울려 퍼졌다.

"그래, 얘들아. 건강하고 나중에 다시 만나자! 꼬옥~!"

은공 쌤의 울음 섞인 목소리가 바람을 타고 아이들의 마음에 알알이 새겨졌다.

9 '자투리 시간'이 무엇이며, 어떻게 활용하면 될까요?

'자투리'라는 말을 알고 있나요? 국어사전을 찾아보니 "일정한 용도로 쓰고 남은 나머지를 비유적으로 이르는 말"이라고 적혀 있네요. 그렇다면 '자투리 시간'은 뭘까요? 학교에서는 수업 시간 사이의 쉬는 시간이 자투리 시간입니다. 점심 급식을 먹고 난 뒤 다음 수업을 시작하기 전까지의 시간도 자투리 시간이죠. 집에서는 저녁 먹기 전, 저녁 먹고 난 뒤 남은 시간을 뜻합니다.

시간은 참 소중합니다. 선생님은 학교에 아침 일찍 출근합니다. 아침 활동 시간에 친구들이 무엇을 하는지 관찰하고, 쉬는 시간에도 항상 지켜보죠. 혹시 누군가 다투거나 싸울 수도 있으니까요. 그런데 가만히 친구들을 바라보면 시간을 허비하는 친구들이 너무 많습니다. 아침 활동 시간은 보통 20~30분인데, 대부분의 친구들이 아무것도 하지 않고 가만히 있습니다. 그 시간에 조용히 책을 보거나 그날 배울 교과서를 미리 살펴보면 좋으련만 거의 대부분이 아무것도 하지 않죠. 그림을 그리거나 종이접기를 하는 건 괜찮습니다. 그냥 멍하니 있는 건 시간을 버리는 것이나 마찬가지잖아요.

혹시 3학년 도덕 교과서 4단원 〈아껴 쓰는 우리〉 중 '5분 시간 맞추기' 활동이 기억나나요? 눈을 감고 5분이 지났다고 생각할 때 손을 드는 활동이죠. 그리고 아무것도 하지 않은 채 흘러간 5분의 시간이 어떻게 느껴졌는지 이야기를 나누는 거죠. 사람마다 시간의 흐름을 다르게 느끼는데, 어떤 경우에 시간이 느리게 간다고 느끼는지, 언제 빠르게 간다고 느끼는지 각자의 경험을 이야기해 보는 활동이었습니다.

초등학교 수업 시간은 40분, 쉬는 시간은 10분입니다. 방금 소개한 '5분 시간 맞추기'는 쉬는 시간 10분의 절반에 해당하는 시간입니다. 모든 사람에게 공평하게 주어지는 똑같은 시간을 우리는 다르게 느끼고 활용합니다. 5분의 시간이 두 번 모이면 10분의 쉬는 시간이 되고, 그 시간들이 쌓여서 하루 24시간이 됩니다. ==누구에게나 똑같이 주어진 시간을 어떻게 활용하고 사용하는지에 따라 한 사람의 인생이, 미래가 달라질 수 있습니다. 그 시작은 바로 자투리 시간의 활용입니다.==

10 공부를 못하는 게 아니라 안 하는 겁니다!

선생님은 단원평가를 자주 보는 편입니다. 4학년을 맡았을 때는 수학 매 단원이 끝날 때마다 단원평가를 봤고, 영어 단어 시험도 봤습니다. 4학년인데 받아쓰기 시험도 봤죠. 단원평가를 보고 나서 채점해 보면 공부 잘하는 친구들은 수학이든 영어든 국어든 다 잘합니다. 하지만 수학 실력이 안 좋은 친구는 영어도 못하고 국어 받아쓰기도 못합니다.

사실 수학은 그 단원의 내용을 잘 모르거나 지난 학년 때 공부를 소홀히 했으면 못할 수도 있습니다. 그런데 영어 단어나 국어 받아쓰기는 조금 다릅니다. 영어는 프린트물, 국어는 받아쓰기 급수표를 나눠 주고 그 안에서 시험을 봅니다. 그러니까 수학은 어떤 문제가 나올지 예측할 수 없기 때문에 많이 틀릴 수 있지만 영어와 국어는 충분히 미리 공부할 수 있습니다. 그런데도 영어 단어와 국어 받아쓰기를 채점하다 보면 수학을 못하는 아이는 영어도 국어도 점수가 낮습니다. 왜 그럴까요?

아이들 스스로 본인은 공부를 못한다고 생각하기 때문입니다. 그래서 본인의 낮은 점수를 당연하게 받아들입니다. 그것을 조금 어려운 말로 '학습된 무기력'이라고 합니다. 예를 들어, 본인이 어떤 시험에서 낮은 점수를 받았다고 해 보죠. 처음에는 그 점수에 충격을 받고 놀랍니다. 그런데 다음 평가에서도 또 낮은 점수가 나오면 그 점수에 익숙해지고, 나중에는 그 점수를 당연하게 여깁니다.

공부는 여러분이 조금만 신경 쓰면 누구나 잘할 수 있습니다. 공부를 하면 점수가 오른다는 것을 직접 경험해 봐야 합니다. 즉 '노력하니까 되는구나.' '시험공부를 하고 열심히 준비하니까 점수가 잘 나오는구나.'라는 성취감을 반드시 느껴 봐야 합니다. 그래야 여러분이 중학교와 고등학교에 가서도 포기하지 않고 의지를 갖고 공부할 수 있습니다. 많은 초등학생이 공부를 못하는 게 아니라 안 합니다. 이제 그 틀을 깨뜨려 봅시다.

어린이를 위한 공부 습관 만들기
혼공하는 아이들

제1판 1쇄 인쇄 | 2022년 3월 4일
제1판 1쇄 발행 | 2022년 3월 11일

지은이 | 이상학
그린이 | 이갑규
펴낸이 | 유근석
펴낸곳 | 한국경제신문 한경BP
책임편집 | 마현숙
저작권 | 백상아
홍보 | 서은실 · 이여진 · 박도현 · 하승예
마케팅 | 배한일 · 김규형
디자인 | 지소영
본문디자인 | 디자인 현

주소 | 서울특별시 중구 청파로 463
기획출판팀 | 02-3604-590, 584
영업마케팅팀 | 02-3604-595, 583 FAX | 02-3604-599
H | http://bp.hankyung.com   E | bp@hankyung.com
F | www.facebook.com/hankyungbp
등록 | 제 2-315(1967. 5. 15)

ISBN 978-89-475-4793-2   73810

책값은 뒤표지에 있습니다.
잘못 만들어진 책은 구입처에서 바꿔드립니다.